IKENOBO

生花・立花
梅ノート

もくじ

生花 梅

立花 梅

作例協力

柴田	英雄	特命教授
瀬島	弘秀	特命教授
松永	滋	特命教授
東	勝行	特命教授
竹内	稔晴	特命教授
井上	三郎	特命教授
中村	福宏	教授
森部	隆	教授
小林	春荘	教授
西田	永	教授
清水	新一	教授
井口	寒来	教授
倉田	克史	准教授
古川	浩孝	講師
土屋	郁剛	講師

生花

一種生（逆勝手）

【花材】梅

梅は、葉に先立って花を付け、香気も高く、古くから親しまれてきた花材です。
苔むした老木、ずわえを適所に用い、厳しい表情を持つ枝ぶりを生かしていけます。

一種生（本勝手）

【花材】梅

寒さ厳しい時節は、蕾ばかりであっても生花にいけます。

真・行・草のいずれの花形でもよく、花材の持つ姿かたちを十分に生かすことができます。

一種生（本勝手）

【花材】梅

梅には白梅と紅梅があり、桃同様、紅白一対でいけることができるのも人気の一つです。清楚な感じのする白梅とはまた違い、どこか妖艶な雰囲気を持っているのも、紅梅の特徴の一つです。

一種生（本勝手）

【花材】梅

砂鉢にいけた梅の一種生です。自然の中では横に大きく枝を張った梅の大木を見ることがあり、砂鉢ではこうした表現が可能です。上に生長する姿と共に、力強さが感じられます。

月

【花材】梅

月の形を模した釣り花器にいけた作品です。月は、真だけを輪の外に振り出す場合と、真と副を振り出す場合の二通りのいけ方があります。枝が花器の縁に触れないようにします。

棚の上の花

【花材】梅

床脇の違い棚に置かれる花で、花器は背の低い獅子口や胴の張った壺などが用いられます。真は左右どちらかになびき出し、副は真に添わせながら途中より立ち気味にします。体はわずかに客位へ向けます。

横掛

【花材】梅

床柱に掛ける横掛は、花配りも横を向けます。通常、花配りは後ろ側を下げますが、横掛や向掛は、枝を出しやすくするため前を下げます。振り出す真の枝先は、床縁から出ないよう、床の後角に向かわせます。

向掛

【花材】梅

床の正面に掛ける花で、軸物の代わりを果たします。後ろがすぐ壁となるため、全体を少し前に傾けますが、床の正面中央で見上げる形となるので問題ありません。真を大きくなびかせるため、客位へと向かう体との水際が割れて見えたり、広がり過ぎたりしないように注意が必要です。

一重生

【花材】梅

両窓の一重切にいけた作品です。一重生は、①窓の中にいける場合、②真と副を窓の外に張り出していける場合、③張り出した真を上部の中心部まで立ち昇らせる場合の三つのいけ方があります。なお、③を「立ち昇り生」と呼ぶ、呼ばないについては、両方の説があります。

一重生

【花材】梅

一重切の花器ですが、窓の位置が高い、変型の一重切です。釣りや掛け同様、懸崖の姿とします。真がなびき、副が上に向かいますが、窓の縁を横切って前に振り出す要領は、通常の一重生と同じです。

二重生

【花材】梅　椿

上の重に紅椿、下の重に白梅をいけ、上下で紅白の取り合わせとした二重生です。上の重は懸崖の姿とし、上下で本勝手と逆勝手の組み合わせとなるようにします。また、上を大きくいけた場合は下を小さく、下を大きくいけた場合は上を小さくします。

二重生

【花材】梅

二重切にいける際、上の重にだけいけて下の重にいけない場合、あるいはその逆とする場合があります。この時、花を入れない方の重にも水を入れて見せることになっています。

花器は「雲龍」と呼ばれるものです。

上段流枝（『生花別伝』上中下三段流枝之事）

【花材】梅　椿

真の上段の付き枝を陽方に流した作品です。同じく陽方に働く副との均衡を取りながら流します。付き枝の形、動きをよく見定める必要があり、上方に生まれた力を全体で処理するには、修練を要します。

※『生花別伝』は正教授三級で下付される伝書です

上段流枝（『生花別伝』上中下三段流枝之事）

【花材】梅

上段に働く枝を陰方に流した作品です。陰方に大きく枝が働くため、副の扱いに注意を払い、左右での力配分をよく吟味します。屈曲した上段流枝に対し、立ち伸びるずわえの伸びが、勢いを感じさせます。

※『生花別伝』は正教授三級で下付される伝書です

中段流枝（『生花別伝』上中下三段流枝之事）

【花材】梅

真の付き枝を、大きく、勢いよく陽方に働かせています。流した枝が、通常の副が働く位置にまで及んでいるため、副を軽くして全体を調整します。三段流枝は、通常の生花の律から大きく変化するので、その処理の方法をよく考えなければなりません。

※『生花別伝』は正教授三級で下付される伝書です

中段流枝（『生花別伝』上中下三段流枝之事）

【花材】梅　椿

中段陰方に大きく枝を流した作品。陽方に流す場合に対し、陰方の大きな空間に枝が働くことで、屈曲した性状と力強さがよく表れています。副との呼応も、作品の見どころとなります。

※『生花別伝』は正教授三級で下付される伝書です

下段流枝（『生花別伝』上中下三段流枝之事）

【花材】梅

体先の枝を流した下段流枝です。真と副に立ち伸びる素直な性状の枝を用い、体に梅の持つ荒い表情を見せています。枝の奔放な姿を下段に見せますが、重くなり過ぎないようにします。

※『生花別伝』は正教授三級で下付される伝書です

下段流枝（『生花別伝』上中下三段流枝之事）

【花材】梅　椿

根〆の椿の一枝を流した下段流枝です。客位に向く体を流すため、基本陰方に流れることになります。一番手前に体座を入れ、その向こうに流枝を挿します。

※『生花別伝』は正教授三級で下付される伝書です

下段流枝（『生花別伝』上中下三段流枝之事）

【花材】梅　椿

根〆に椿を入れていますが、主材の梅の一枝を下段流枝としています。流枝を見どころとし、副はいくぶんか軽く見せます。三段流枝はくだけた姿となるので、あらたまった特別な席では遠慮した方がよいとされています。

※『生花別伝』は正教授三級で下付される伝書です

前副（『生花別伝』前に副を用ゆる事）

【花材】梅　椿

通常の副は真の後ろに挿し、陽方後方へ振り出しますが、前副は真の前に副を挿し、陽方前方に振り出します。また、この副と和合するよう真の腰も前に向けます。従来の副の位置には座を入れます。

※『生花別伝』は正教授三級で下付される伝書です

二方面生花　裏（『生花別伝』二方面生花の事）

【花材】梅

25ページの作品を裏から見た二方面生花です。前副の姿となり、通常の副の位置には座を入れます。体は、表から見て真の奥に挿した体のあしらいが、裏から見ての体になるようにします。

※『生花別伝』は正教授三級で下付される伝書です

二方面生花　表（『生花別伝』二方面生花の事）

24 ページの作品の表となる二方面生花です。通常の生花のようにいけますが、副を奥に出し過ぎると、裏から見た場合の姿が整いにくいので、あまり大きく後ろには振り込みません。かつての書院のように、前後から鑑賞されるような場所にいけます。

※『生花別伝』は正教授三級で下付される伝書です

副はずし（『生花別伝』茶花之事）

【花材】梅

三つの役枝の内の一つを省略するため、高い技量を要します。通常の副の部分に何らかの力を感じさせる枝ぶりの真の場合や、真の腰の深さによって副を省略することがあります。枝数少なく構成されることが多く、花材を見る目も求められます。

※『生花別伝』は正教授三級で下付される伝書です

副はずし（『生花別伝』茶花之事）

【花材】梅

枝が分岐する部分には、みなぎる力が凝縮されています。作品は、そこに副としての役割を持たせ、全体を細みにいけることで、生花の姿を成しています。副はずしに適した枝がある場合に行うもので、無理に枝を曲げての副はずしは、どこかに違和感が生じてしまいます。

※『生花別伝』は正教授三級で下付される伝書です

左体（『生花別伝』左に躰を振り生くる事）

【花材】梅

床の間の作りと客の座る場所の関係において、本勝手でありながら体を左に振らなければならない場合、あるいはその逆を行わないといけないことがあります。こうした特殊な状況に応じるために「左体」が伝わっています。真の腰を深く取り、副は真の内側から陰方へ働かせ、体を陽方前角へ向けます。副と体にはそれぞれ座を入れます。

※『生花別伝』は正教授三級で下付される伝書です

《参考資料》

『挿花百規』文政三年（一八二〇）刊

池坊専定撰による、当時最高の生花図集として刊行。今日の生花の礎ともなっています。

梅を真に用いた作品は七図収録されており、いずれも二種生でいけられています。ただ、『挿花百規』以前にまとめられた『百花式』『後百花式』には梅の一種生が数図確認できるので、これは偶然と思われます。

どの作品も厳しい枝ぶりよりも、優しい曲がりを持った梅が用いられているように見え、この表情の捉え方に、専定の性格、作風が感じられます。

根〆に千両を用い、白梅との色の対比が鮮やかです。

体真にあたる椿の一枝が真に沿って中段まで立ち昇り、成長感が感じられます。

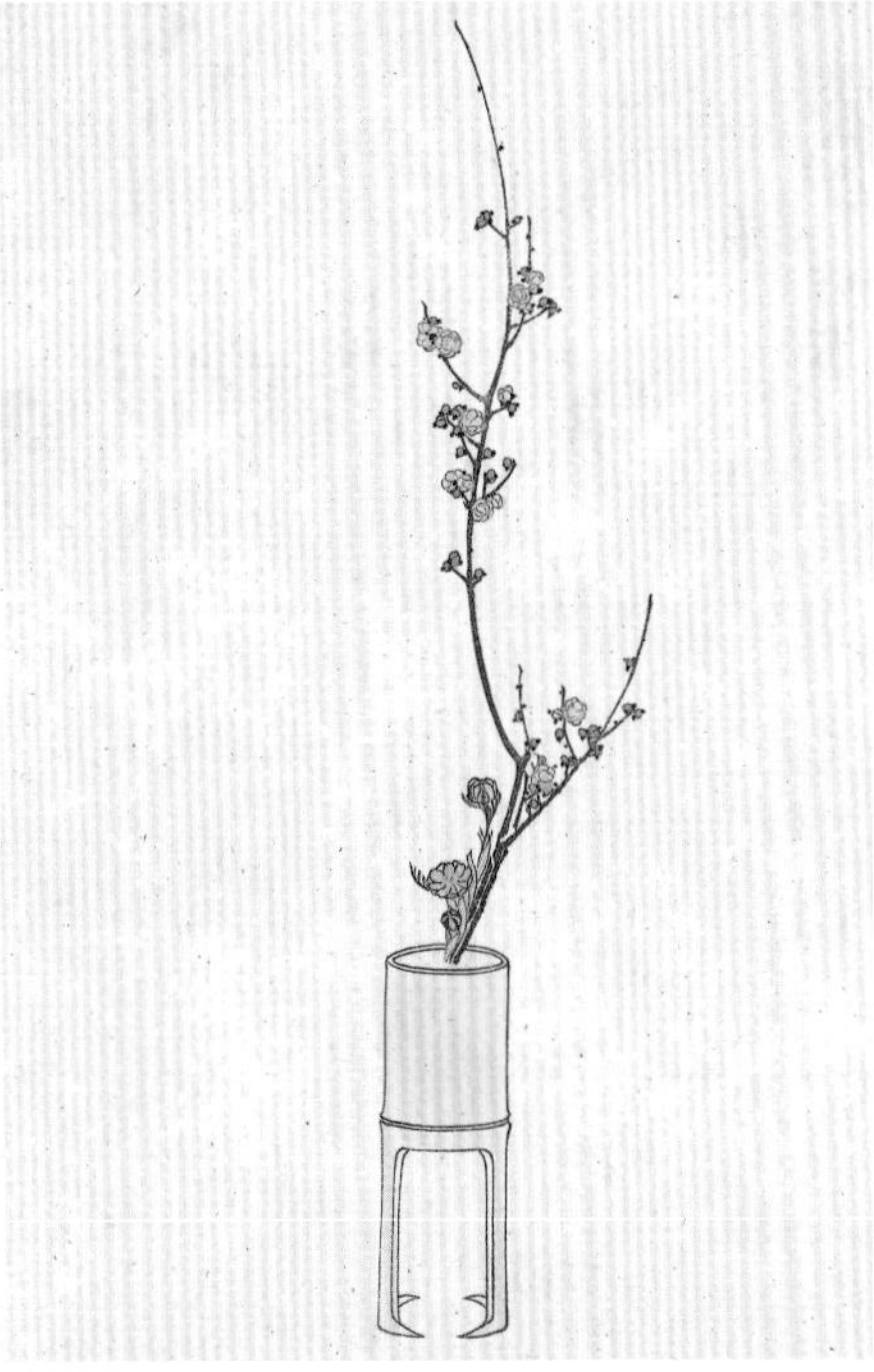

福寿草を添えた作品。真の枝の優雅な曲がりが印象的です。

《参考資料》

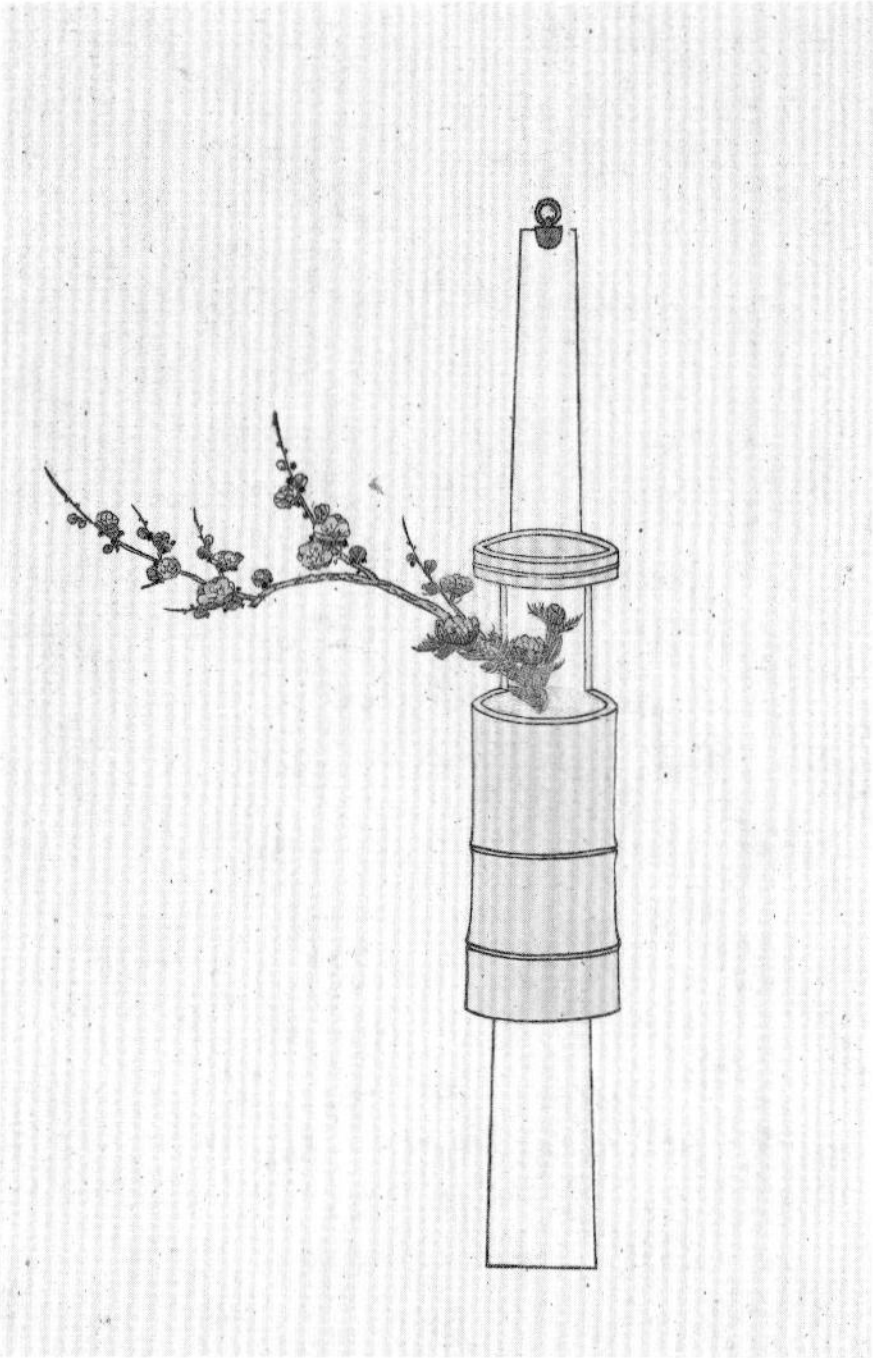

掛けの作品。表情ある横枝一枝で、十分な存在感を出しています。

二本のずわえの伸びやかな扱いが特徴的です。

真の内側に添えられたずわえが真の力を補い、上昇する生命力を表しているようです。

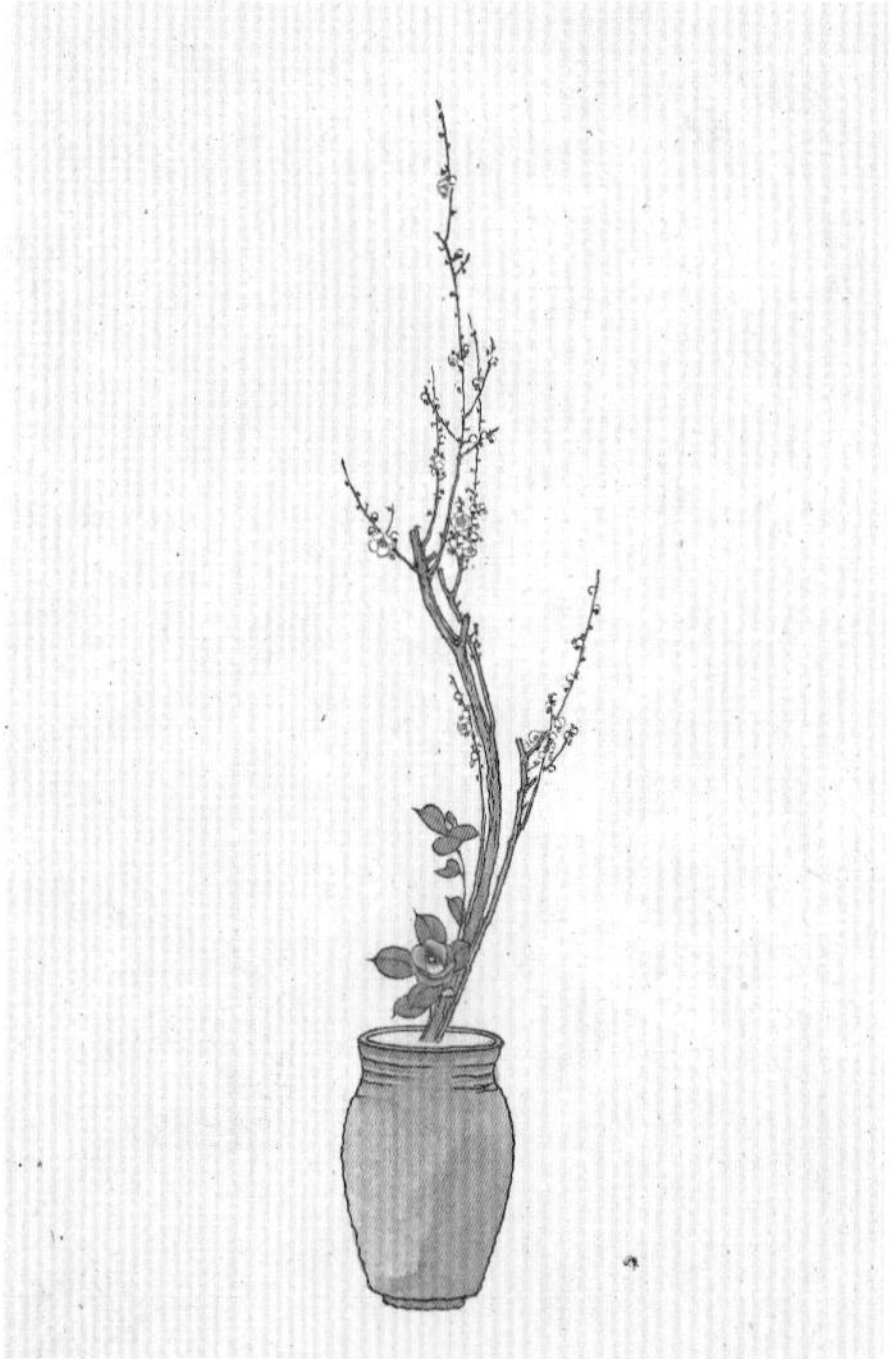

副を真の半分程度の高さに抑え、真を伸びやかに見せています。

《参考資料》

『専明挿華集』 明治三十年(一八九七)刊

四十一世池坊専明がいけた生花図をまとめ、池坊専正が明治三十年に刊行した図集。序文には五十瓶を選んだ旨が記されていますが、実際には五十三図が収められています。

専明は、兄であり師である専定の教えを整理し、体系化しました。また、諸制度の整備を行い、薄版、華盤、橘紫幕、簾間などの「許物」を定めています。

今日広く知られる花器「御玄猪」は専明の草案で、花器には銘と専明の花押が刻まれています。

「蝙蝠文六耳高杯形瓶」にいけた梅の一種生。同様の花器が池坊に残されています。

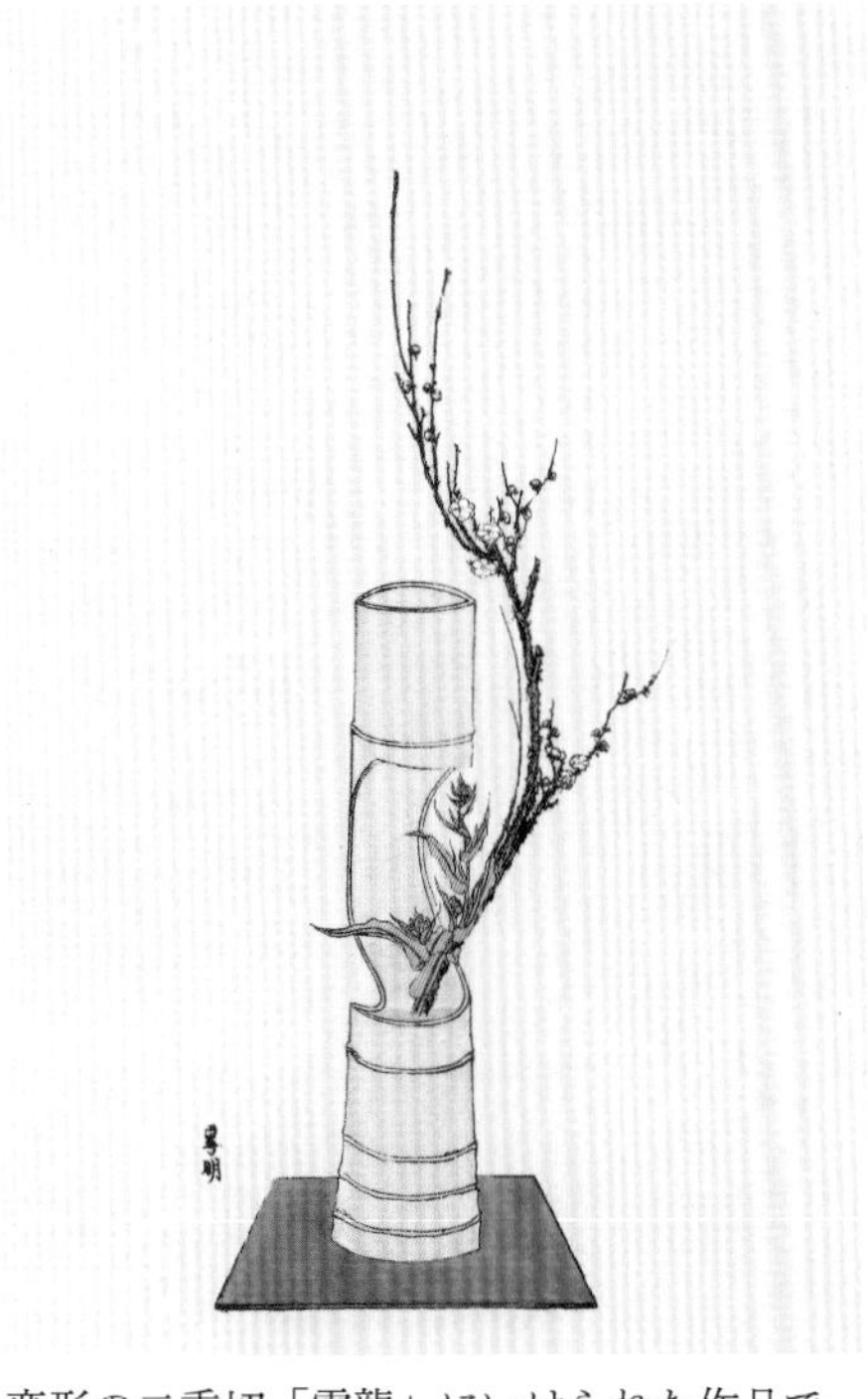

変形の二重切「雲龍」にいけられた作品で、上の重に花は入れられていません。

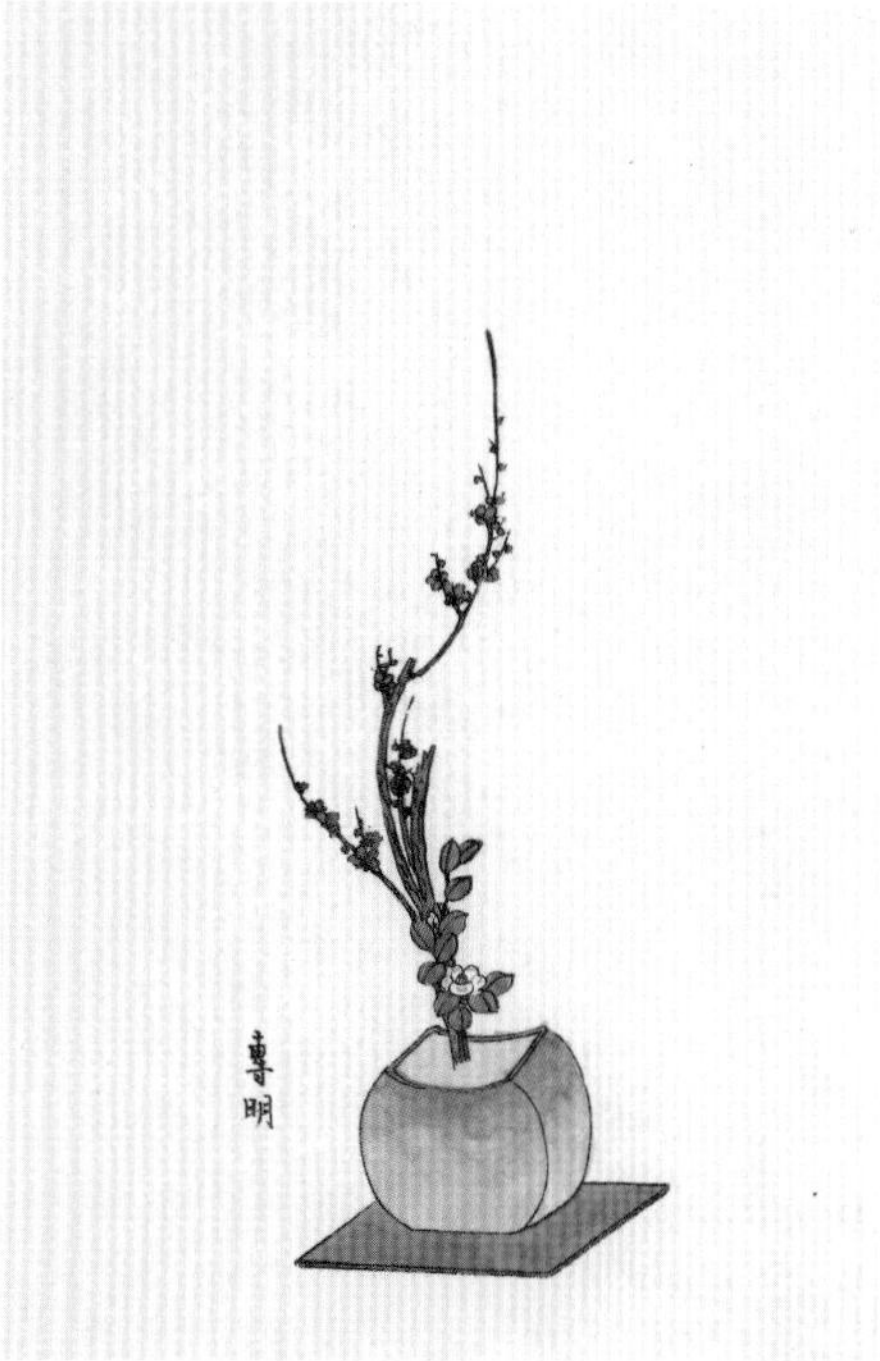

花器「十三夜」にいけた作品。「十三夜」は専定好みの花器で、『挿花百規』にも登場します。

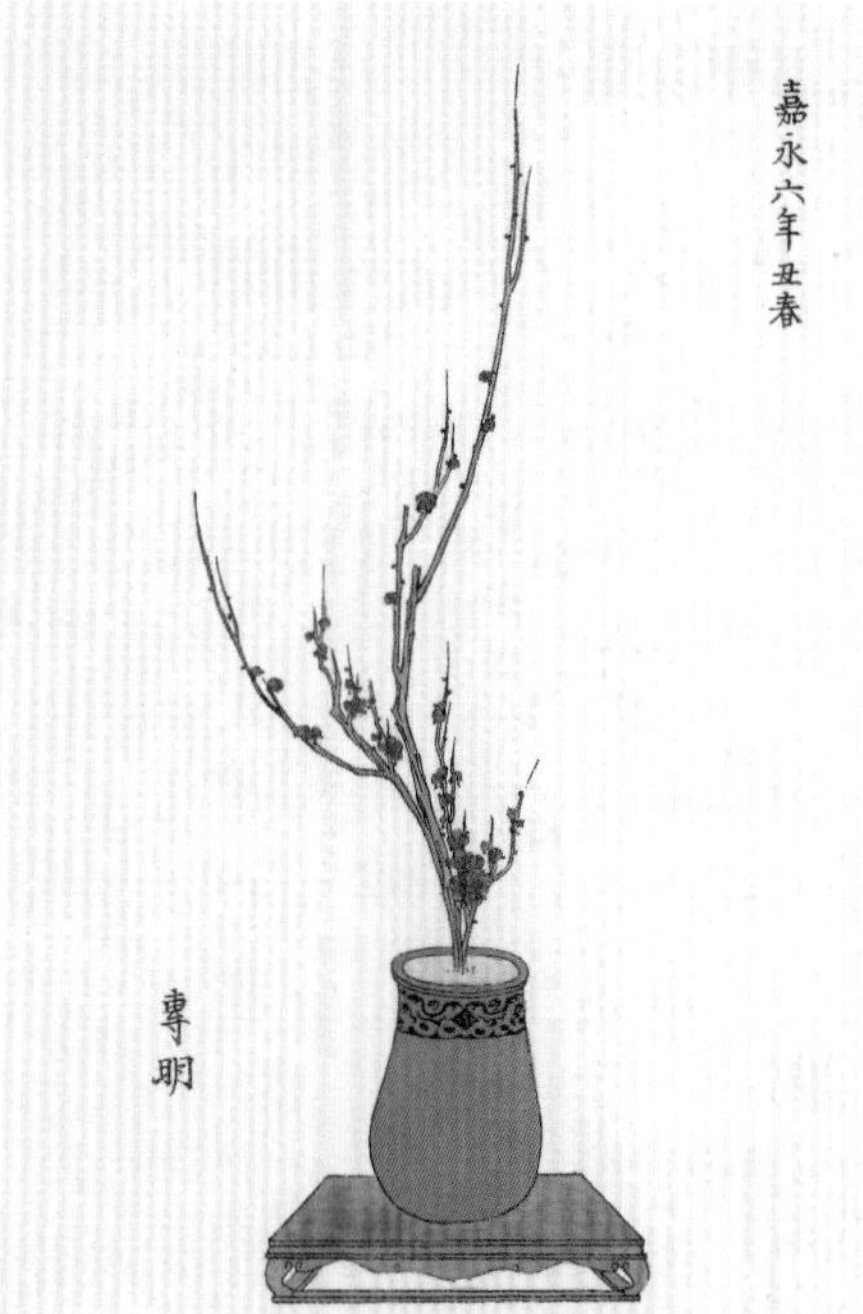

古木、ずわえを用いず、素直な立ち姿とした作品。付き枝のさばきが絶妙です。

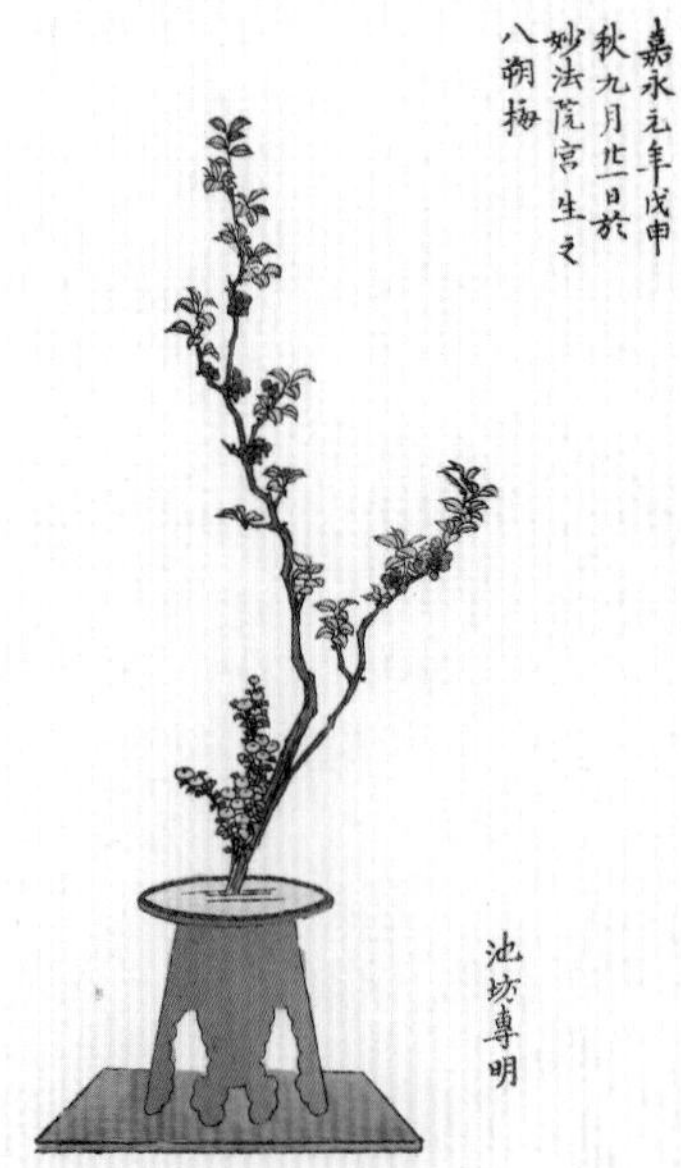

図中に八朔梅とあり、八朔（八月一日）前後に咲き始める品種です。

《参考資料》

『専正立生華集』明治三十年（一八九七）刊

四十二世池坊専正による作品を百図まとめ、刊行された図集。「立生華」とあるよう、立花と生花の双方が収められていますが、その数には偏りがあり、生花が六十四図、立花が三十六図の構成となっています。これは、四十世専定の代に「生花入門」が新設され、生花専修の門弟が増えた（当時の門弟二万人）ことと、四十一世専明の代にはさらに門弟が増加（当時の門弟三万七千人）したこと、そして専正代に始められた女学校での生花指導に配慮した作品配分だったと考えられます。

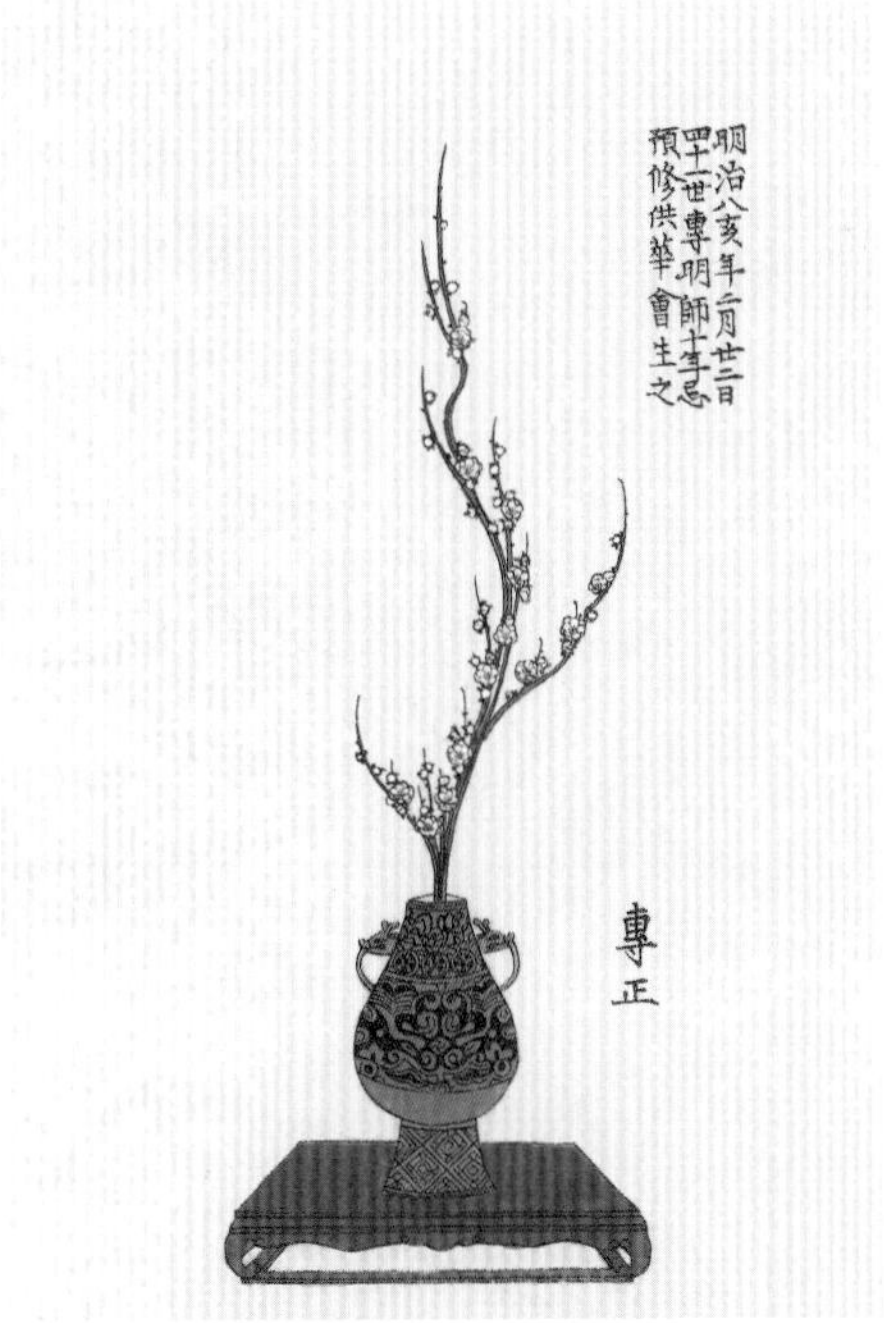

図に記されている「預修」とは、自分のために仏事を修め、死後の冥福を祈ることです。

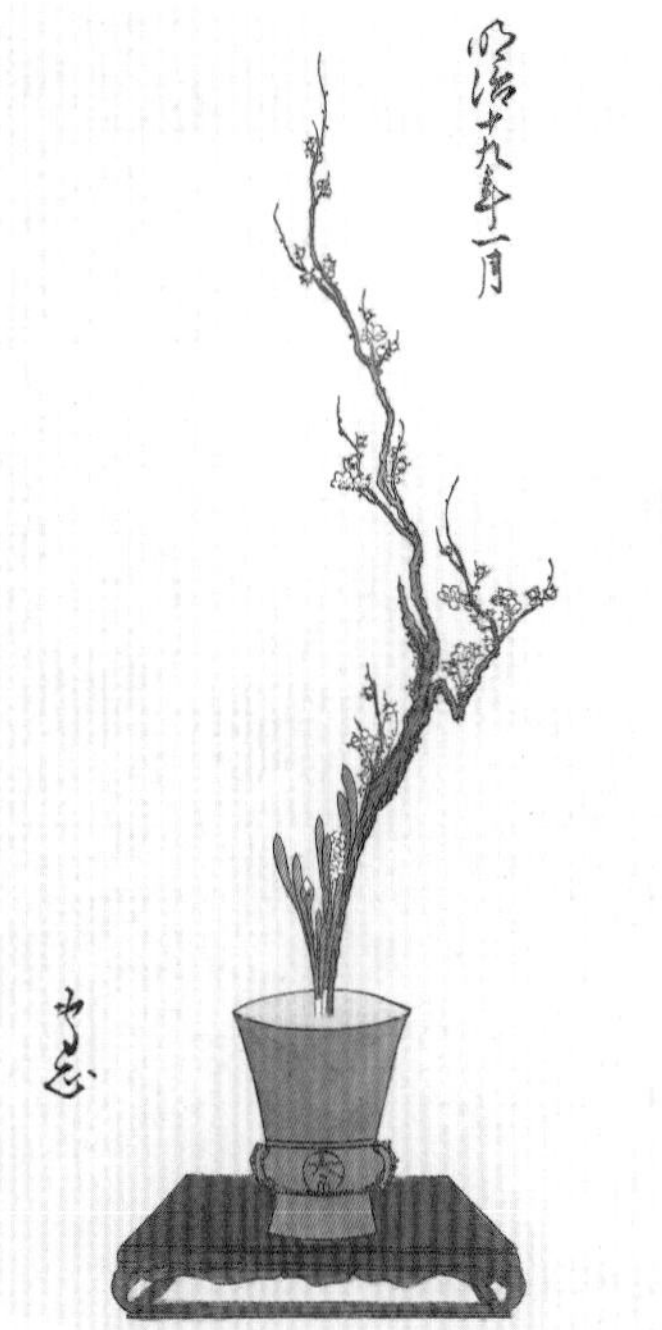

険しい枝ぶりの梅と、根〆の優しい表情の水仙が好対照です。

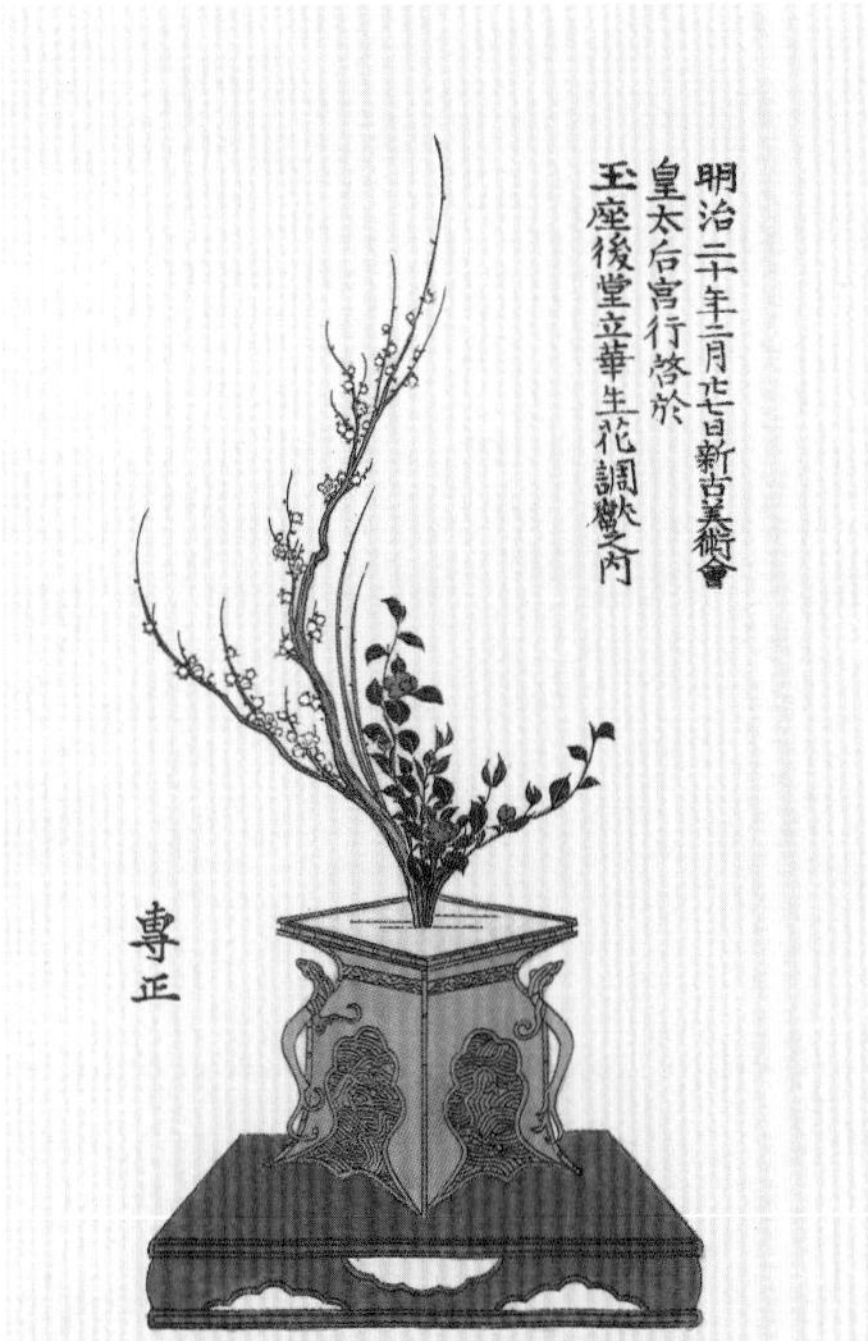

花器「不老門」にいけた作品。皇太后宮行啓に際し、皇室への思慮が感じられます。

《参考資料》

『華道家元 華かゝみ 生華栞の巻』明治三十七年（一九〇四）刊

家元代見であった武藤松菴による、基本の生花の姿を示す書。

「木物生方梅ハ梅らしく桃ハ桃らしく其木の趣きを見なす第一なり。
又木物花の都合によりて躰に外の花物を根〆として用ゆるもよし
然しながら花ある物ハ成るべく一種生るをよしとす。
都て三種生けるを禁ず」

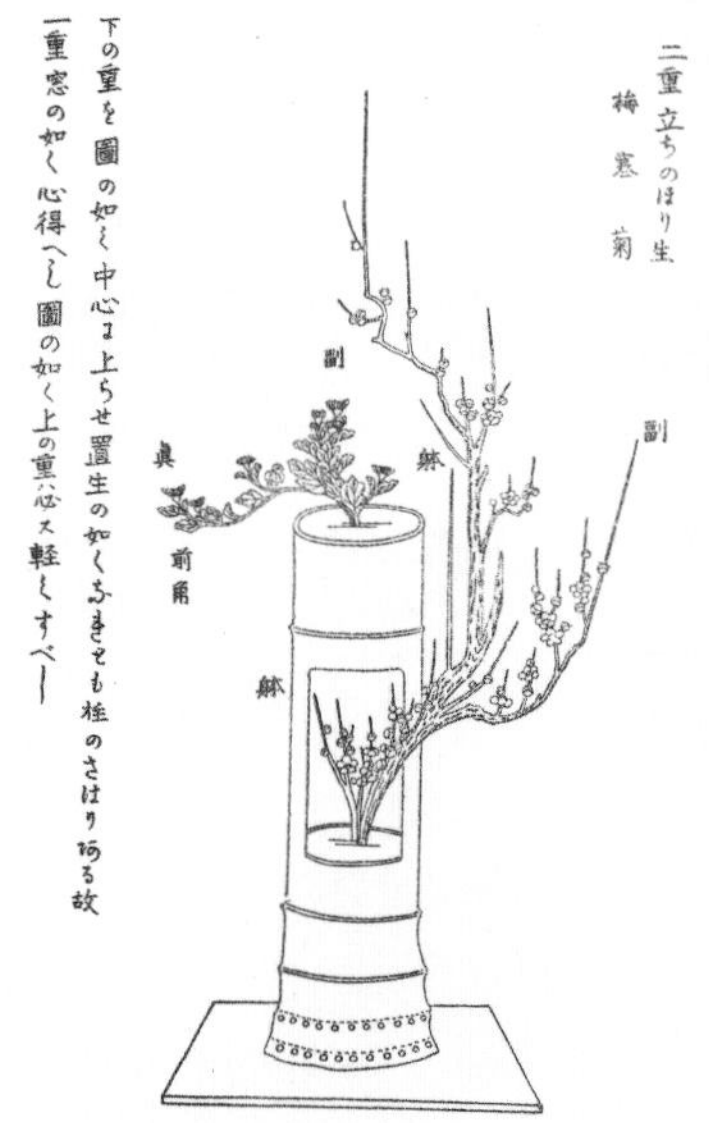

「下の重を圖の如く中心に上らせ置生の如くなれども柱のさはりある故
一重窓の如く心得べし。図の如く上の重ハ必ズ軽くすべし」

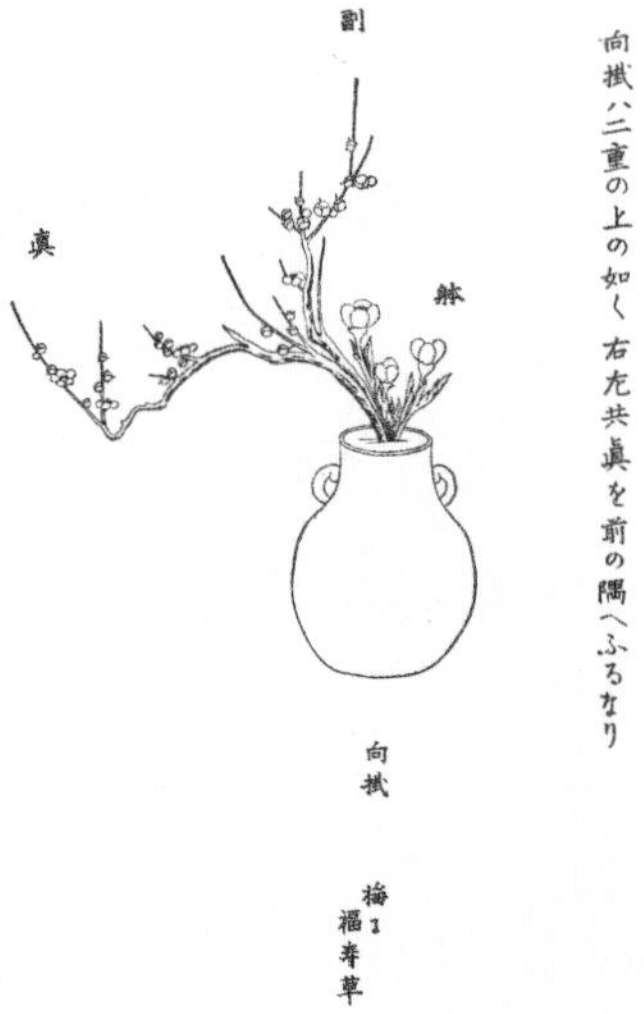

「向掛ハ二重の上の如く右左共真を前の隅へふるなり」

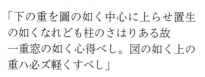

『華道家元 華かゝみ 花心粧の巻』

明治三十七年（一九〇四）刊

家元代見であった武藤松菴による立花と生花をまとめた作例集。

武藤松菴は、幼少時禅門にあり、還俗して武藤五八の養子となりましたが、明治二十六年に曹洞宗大本山永平寺六十四世悟由《ごゆう》禅師より居士号を授与され、松菴居士と称して華道人になりました。

禅門にあるかたわら華道を学び、専正によく仕え、池坊華道を極めた後、その確かな腕と知見から大日本総華督、家元代見となり、数十年にわたって全国を巡り、池坊華道を伝え、門弟を導きました。今日でも日本全国に池坊華道がしっかり根付いているのも、武藤松菴の働きがあってのことです。

そんな全国を回り続ける旅中、大正三年に訪れた静岡県浜松市の門弟、岩田立山師宅にて客死。行年は七十六歳でした。各種『華かゝみ』は、武藤松菴六十六歳の時に刊行されました。

《参考資料》

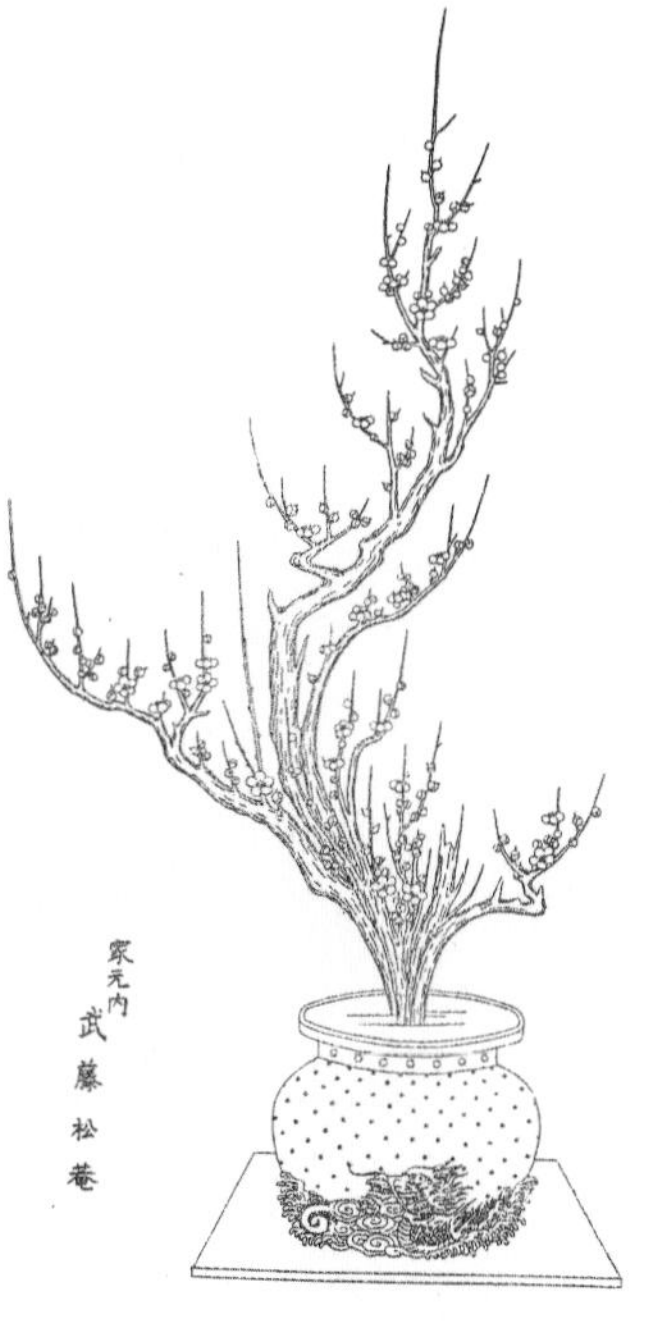

大きな甕にいけられた梅の一種生。枝の屈曲が多く、冬の厳しさが感じられます。

右の作品とは対照的に、小さく、細身とした二種生。「家元御代花」とあり、品格がよく示されています。

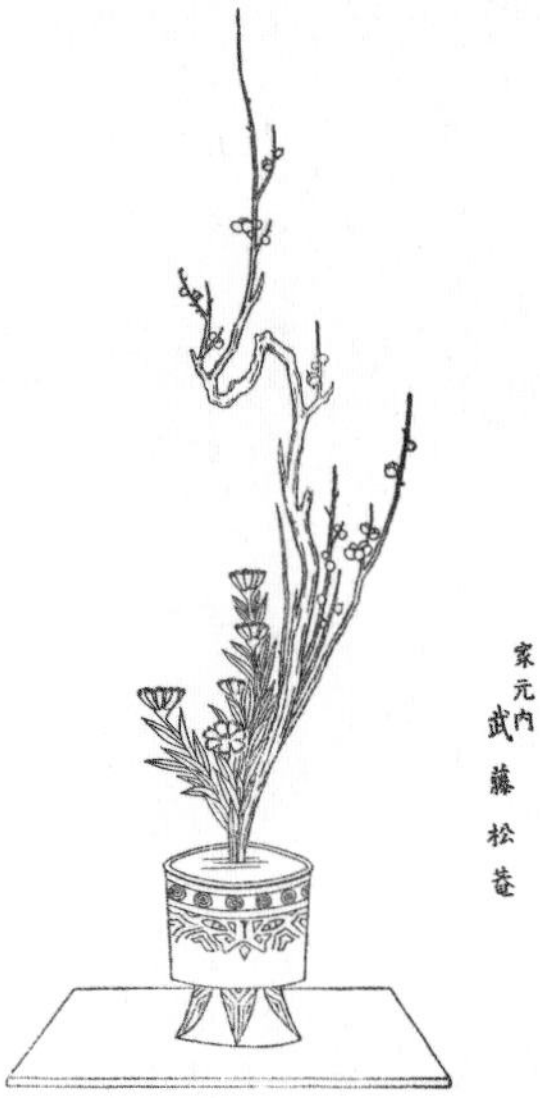

曲がりに特徴のある枝を真に用いていますが、根〆を強くすることで全体がよくまとまっています。

真の強さを強調するためか、副、体の分かれが少し低く設定されています。蕾が多く、図も香馥を帯びているようです。

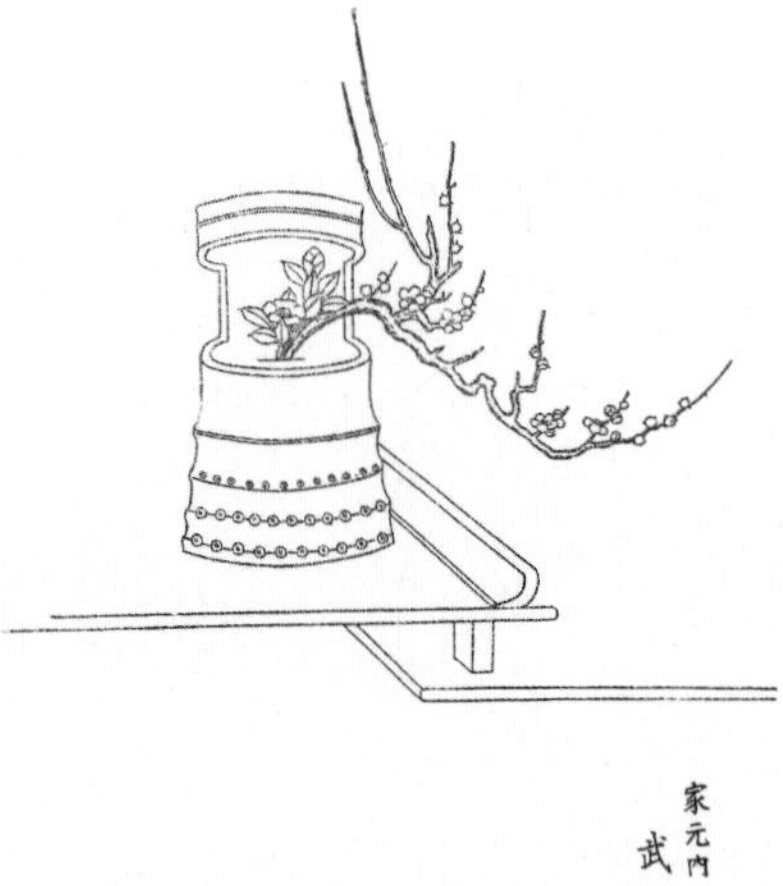

たった一枝で、流れる真と立ち昇る副を見せています。見立ての妙が感じられます。

立花

立花正風体（逆勝手）

【花材】梅　水仙　ひのき　椿　つげ　小菊　松　びわ　いぶき

個性ある梅の一枝を真としています。幹に生じる苔が、独特の重厚さを感じさせます。水仙や椿を取り合わせることで、厳しい寒さの中にも、色とりどりの花が息づいていることを思わせます。

立花正風体（本勝手）

【花材】梅　しだれ柳　ひのき　水仙　しゃが　松　つげ　小菊　椿　びわ

立ち伸びる紅梅と、しだれる柳の対比が見どころです。自然の草木それぞれの持つ躍動感が一瓶に凝縮される立花正風体は、大自然の縮図でもあります。

立花正風体（逆勝手）

【花材】梅　竹　ひのき　水仙　いぶき　椿　つげ　小菊　山しだ　松　びわ　かなめ

ずわえの勢いとこぼれそうな梅の開花。竹の葉擦れの音は山の静けさを際立て、陰に咲く水仙は人知れず香りを放っています。春は着実に近づいています。

立花正風体（本勝手）

【花材】梅　レリア　松　水仙　椿　つげ　フリージア　オーガスタ　いぶき

梅の枝の奔放なさまが生かされています。古木、ずわえ、苔木などの多様な梅の表情は、創作意欲をかき立てます。レリアを合わせることで、和洋折衷の趣を見せています。

立花正風体（逆勝手）

【花材】梅　水仙　ユーカリ　ラン　いぶき　ふくぎ　フリージア　せんりょう　松　びわ

長瓶を用い、役枝に強弱をつけた作品です。伝統的な和の花材である梅を使った立花正風体も、役枝のバランスを変え、洋花を取り合わせるなどすることで、今日的な立花表現が可能となります。

立花正風体（本勝手）

【花材】梅　水仙　ひのき　松　いぶき　椿　寒菊　玉しだ　ゴム　クロトン　黒ゆり　ふくぎ　アンペライ

深鉢に丈低く立てた作品です。砂之物のように、横方向に延びる思い切った枝遣いをすることで、表現の幅が広がります。上から見下ろす姿であるため、水面の見え方に配慮し、花器の縁までに収める枝、縁を超えて出す枝をよく考え選択します。

《参考資料》

『立花之次第九拾三瓶有』 江戸時代前期

池坊専好（二代）の立花図集。後水尾院に重用され、たびたび宮中で開催された立花会に召されては指導的役割を果たし、自らも立てることがありました。その際、専好の作品は絵師によって描かれ、貴族の間でその絵図を手習いとして貸し借りすることがありました。後水尾院も専好の絵図を持っていたとみられ、金閣寺の鳳林承章の日記『隔蓂記』によれば、後水尾院所有の『池坊専好立花之写絵之手鏡折本一冊』を借り出して、狩野派の絵師、伊藤長兵衛に写させています。

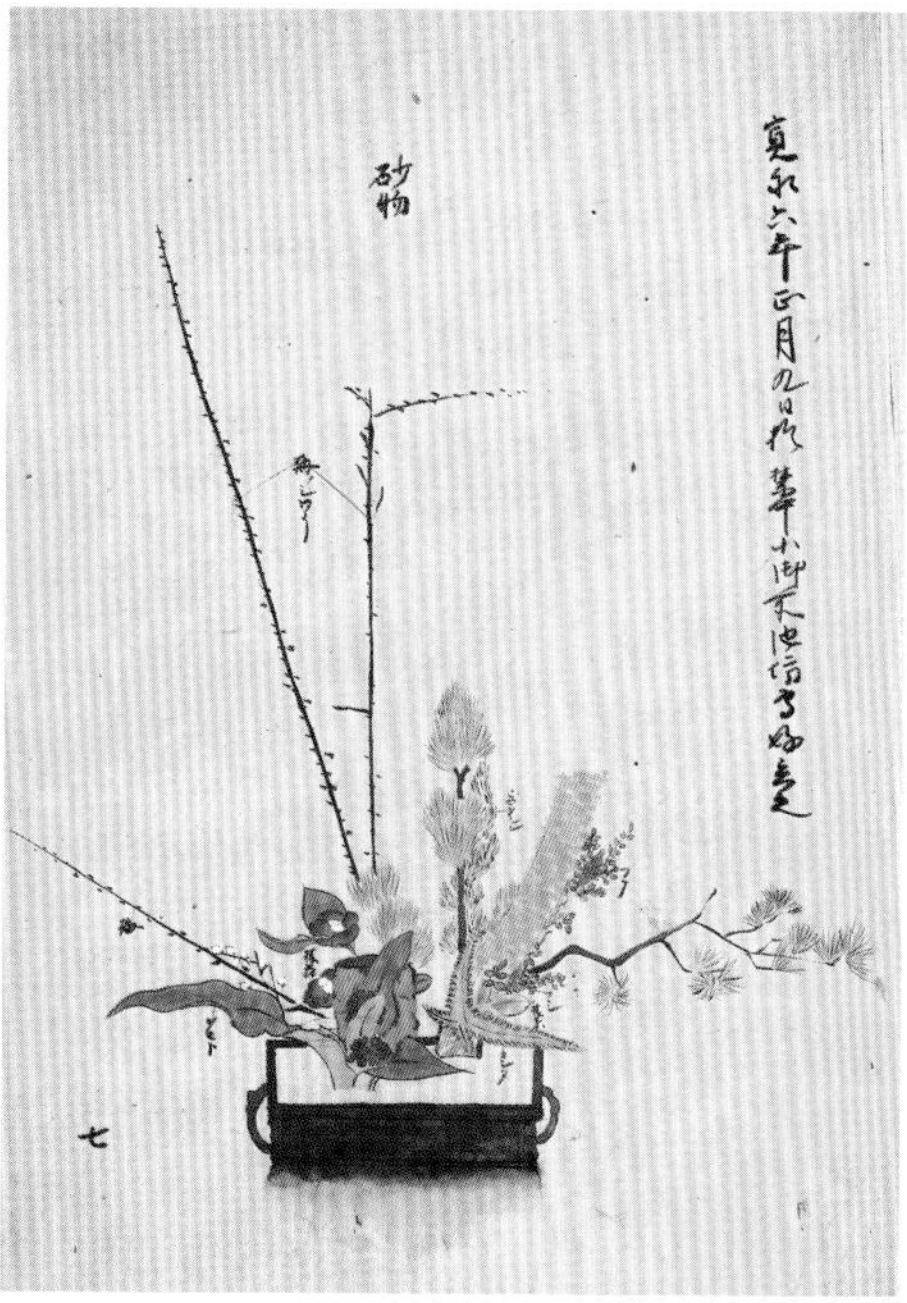

七図　寛永六年一月九日　於禁中小御所

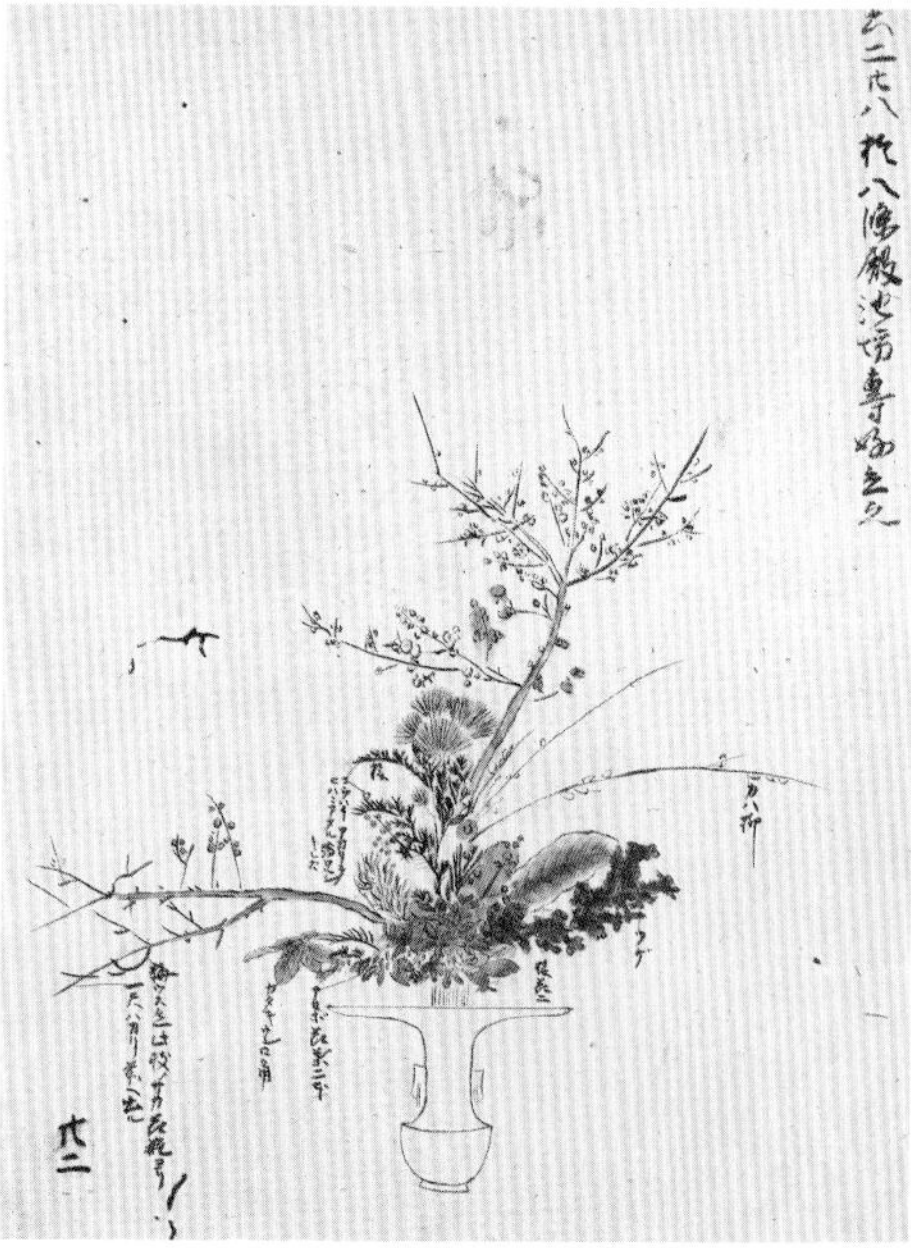

二十二図　寛永六年二月二十八日　於八條殿

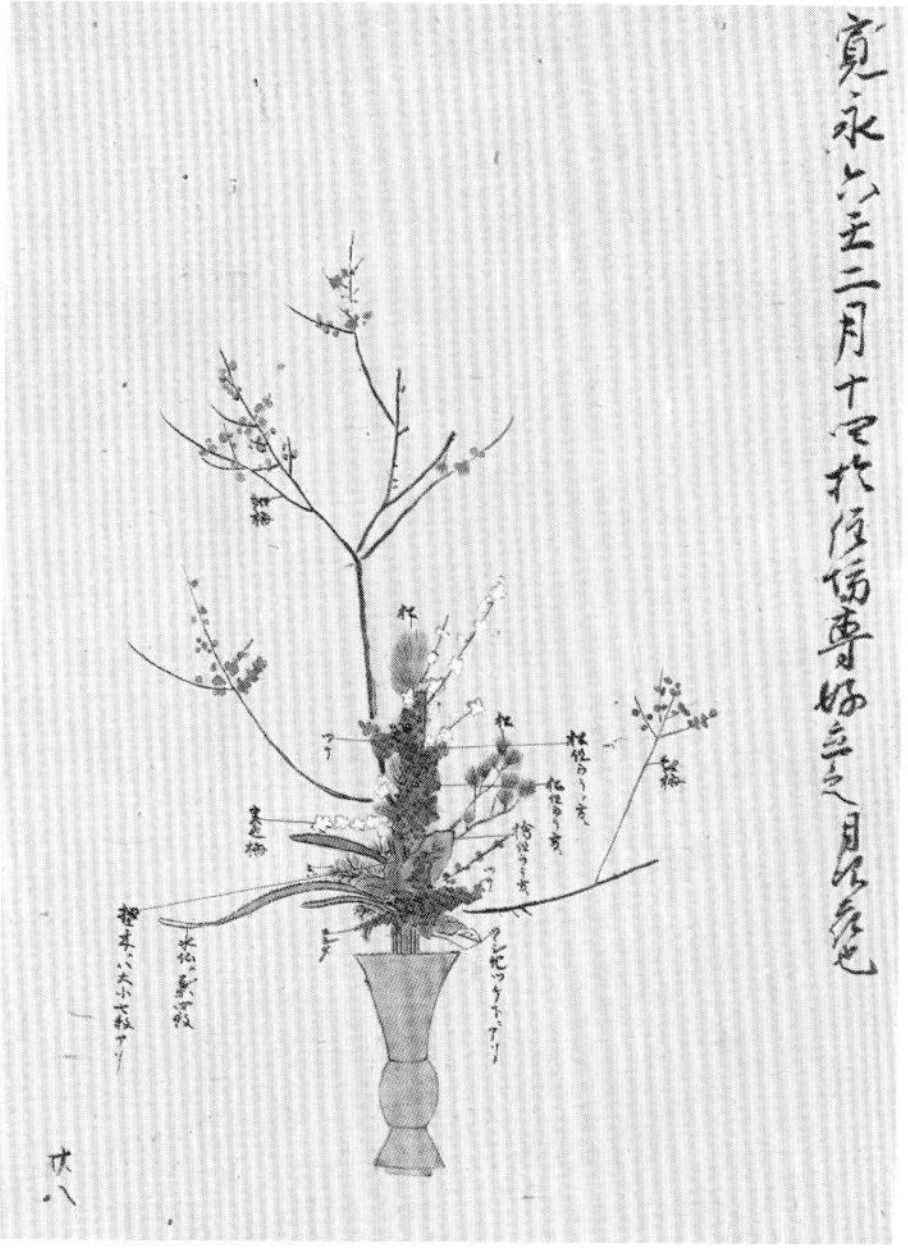

二十八図　寛永六年閏二月十四日　於住坊

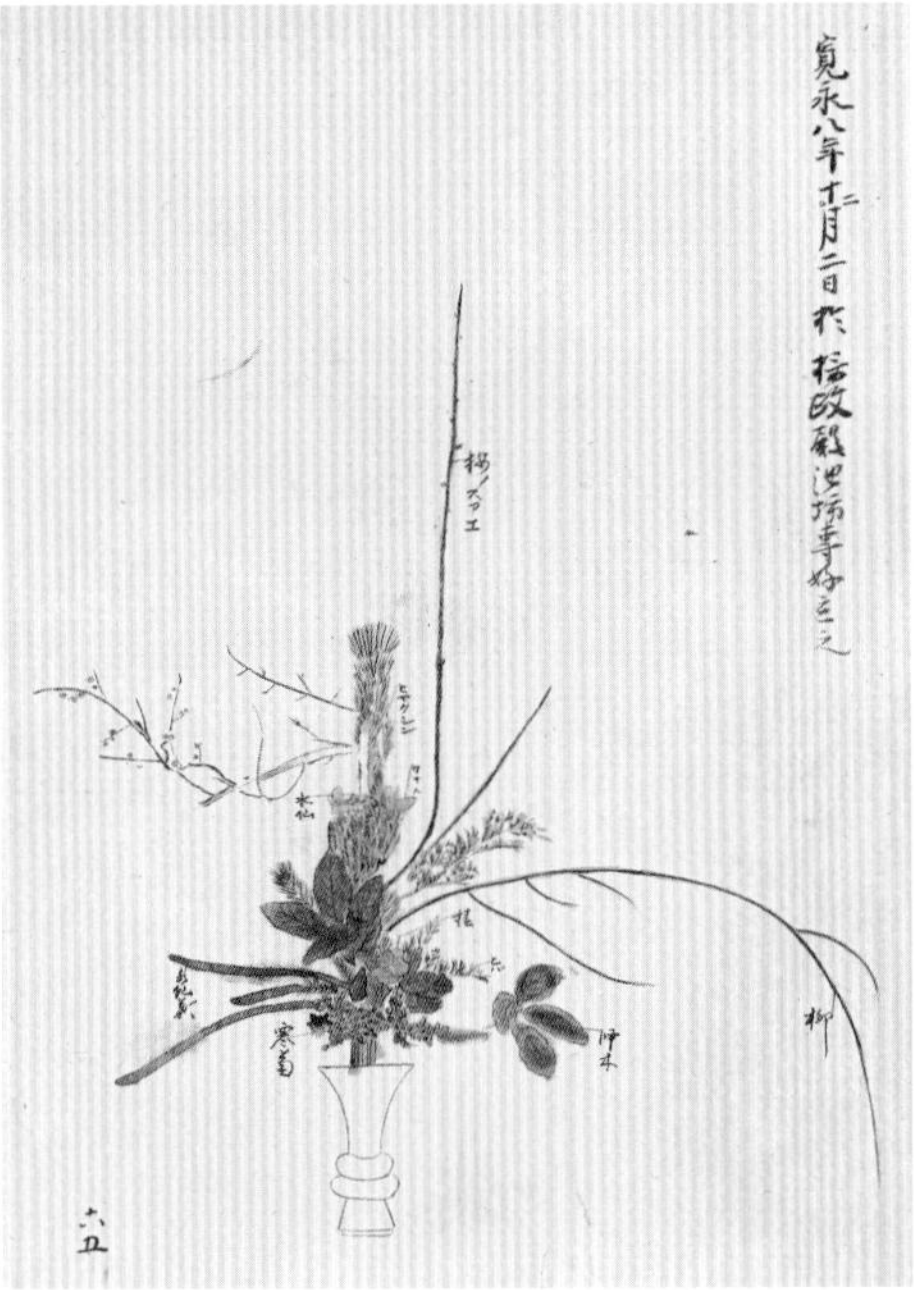

六十五図　寛永八年十二月二日　於摂政殿

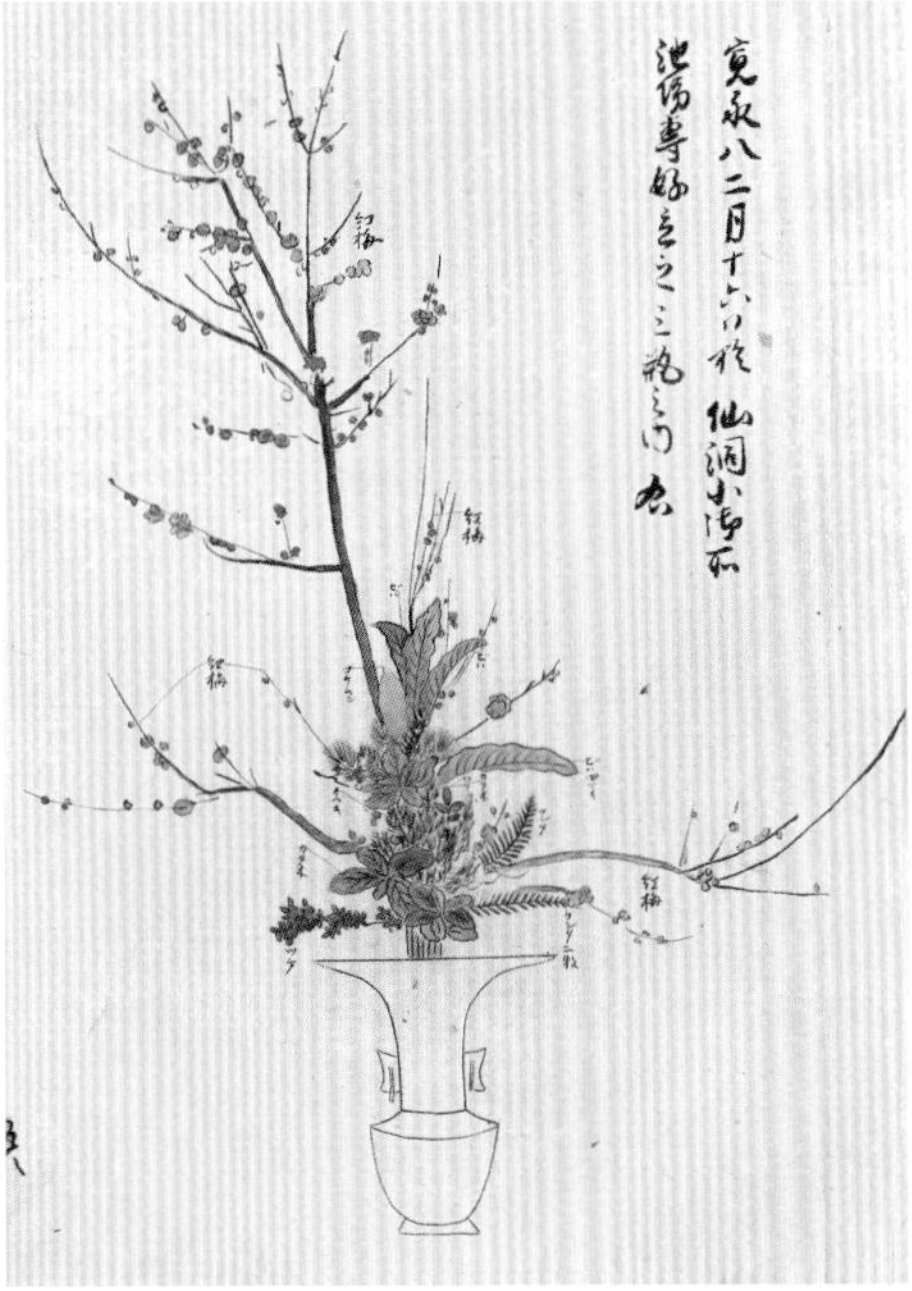

五十八図　寛永八年二月十六日　於仙洞小御所

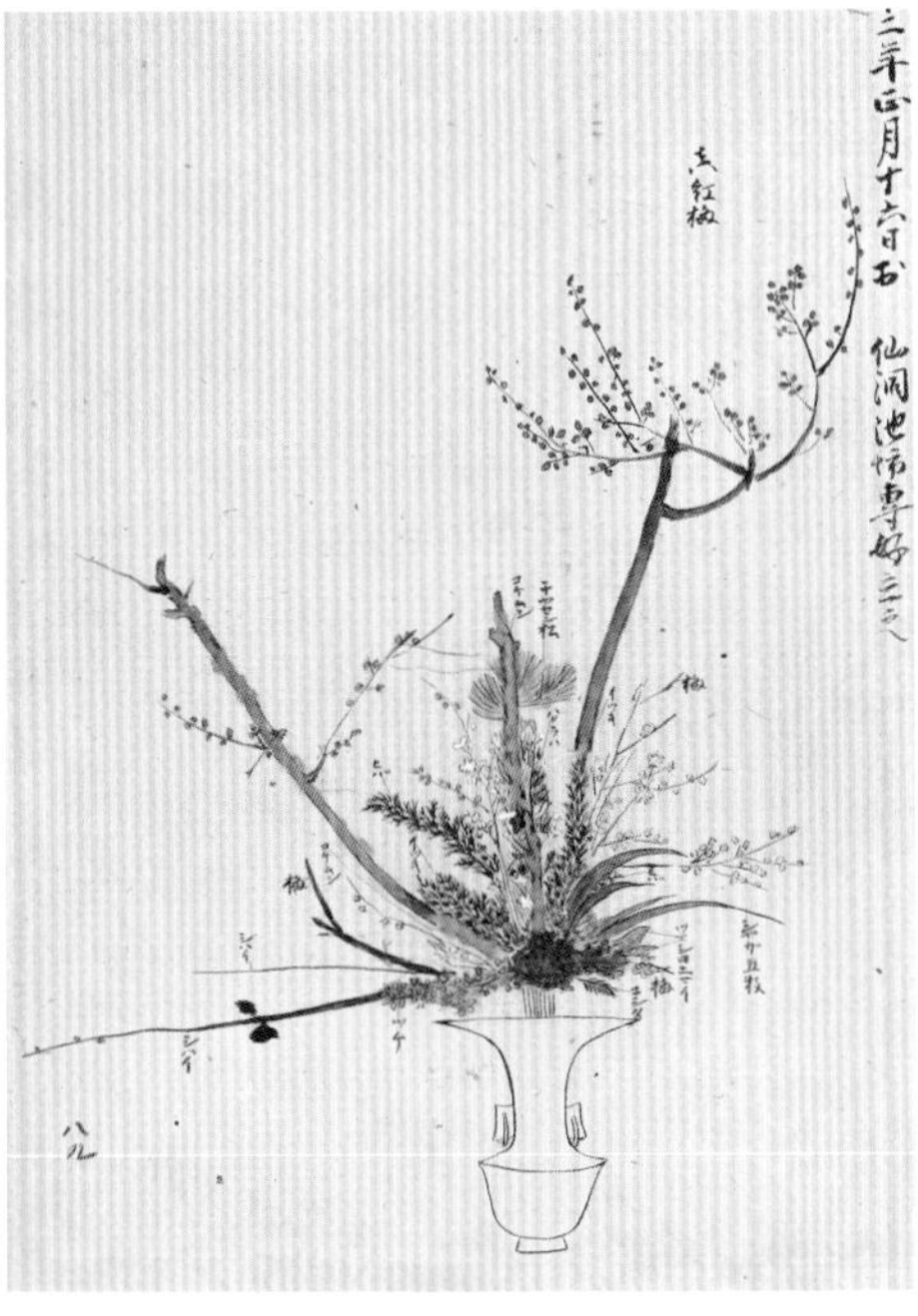

八十九図　寛永十二年一月十六日　於仙洞

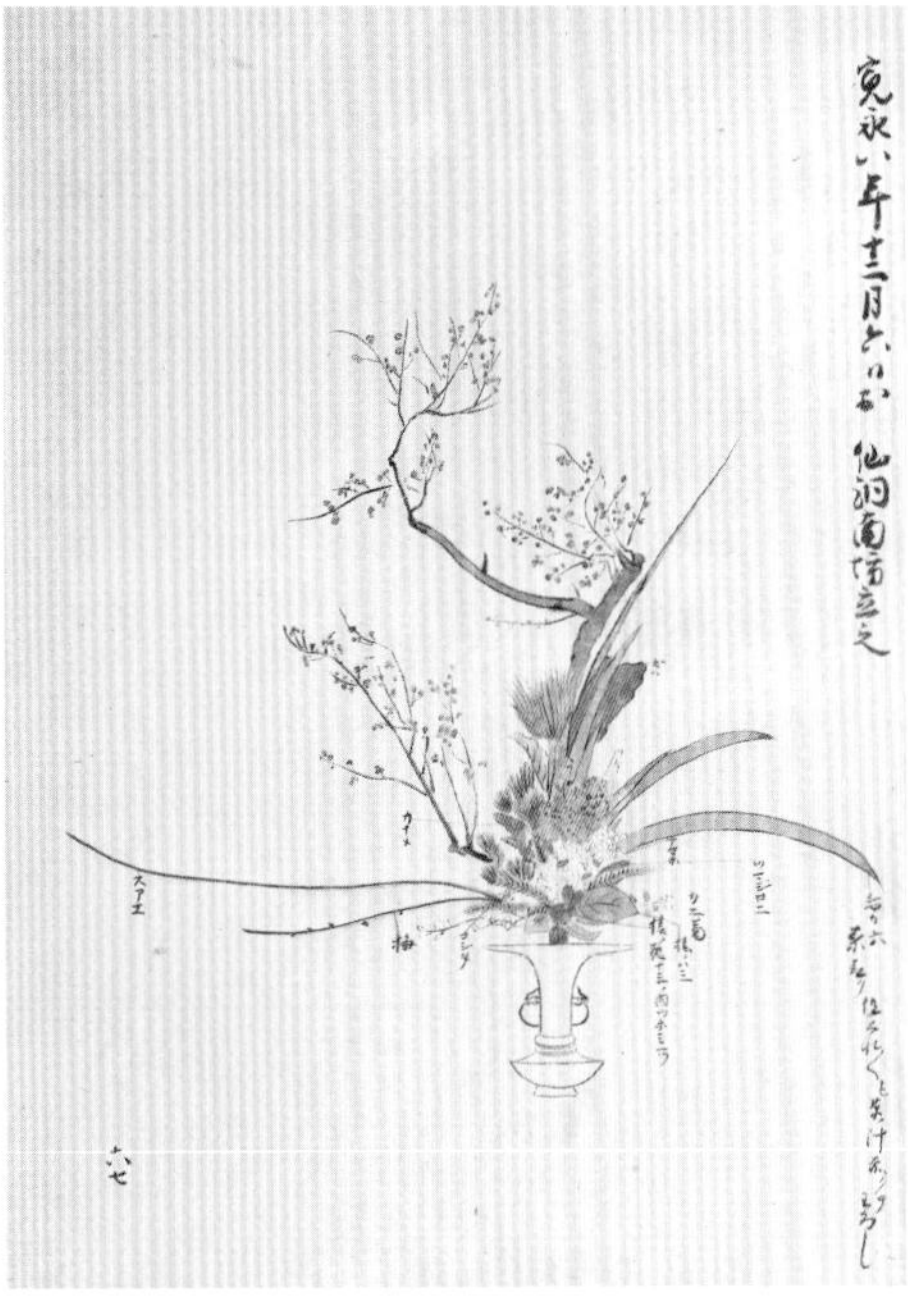

六十七図　寛永八年十二月六日　於仙洞　制作者は南坊

《参考資料》

『立花図并砂物』寛文十三年（一六七三）刊

池坊専好（二代）の門弟の作品を集めた図集。立花九十二図と砂之物八図が収録されており、かつて扉題である『六角堂池坊并門弟立花砂之物図』が、書名として紹介されていたことがあります。編者は猪飼三左衛門（三枝）で、専好（二代）の高弟であった高田安立坊周玉に師事。そのためか、同書の約半数の四十七図が周玉の作品で、残る図中に専好（二代）、専存、専養、さらに周玉と同じく専好（二代）の高弟であった十一屋彌兵衛、同太右衛門の作品図を見ることができます。

専好（二代）の作品

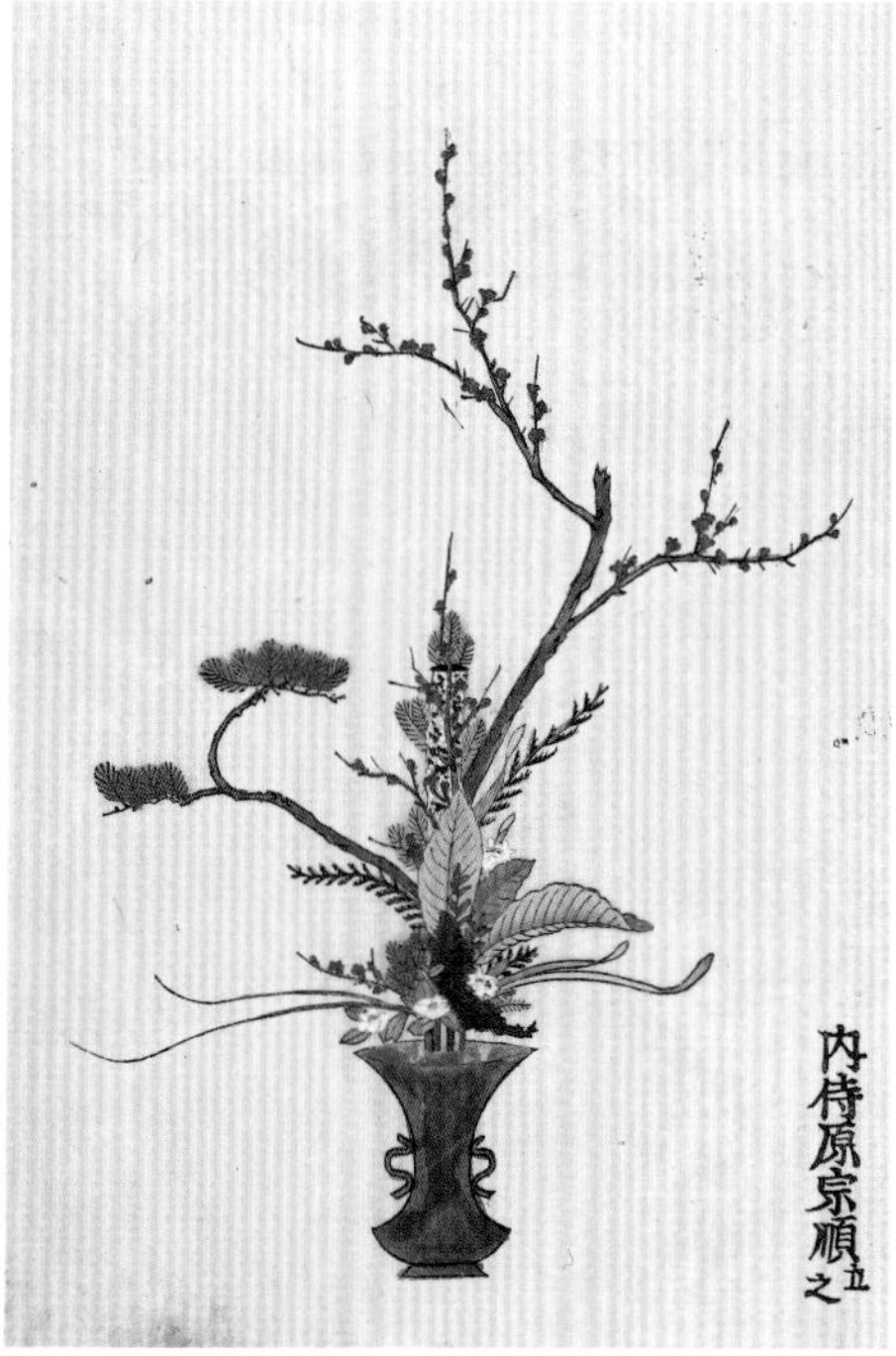

内侍原宗順の作品

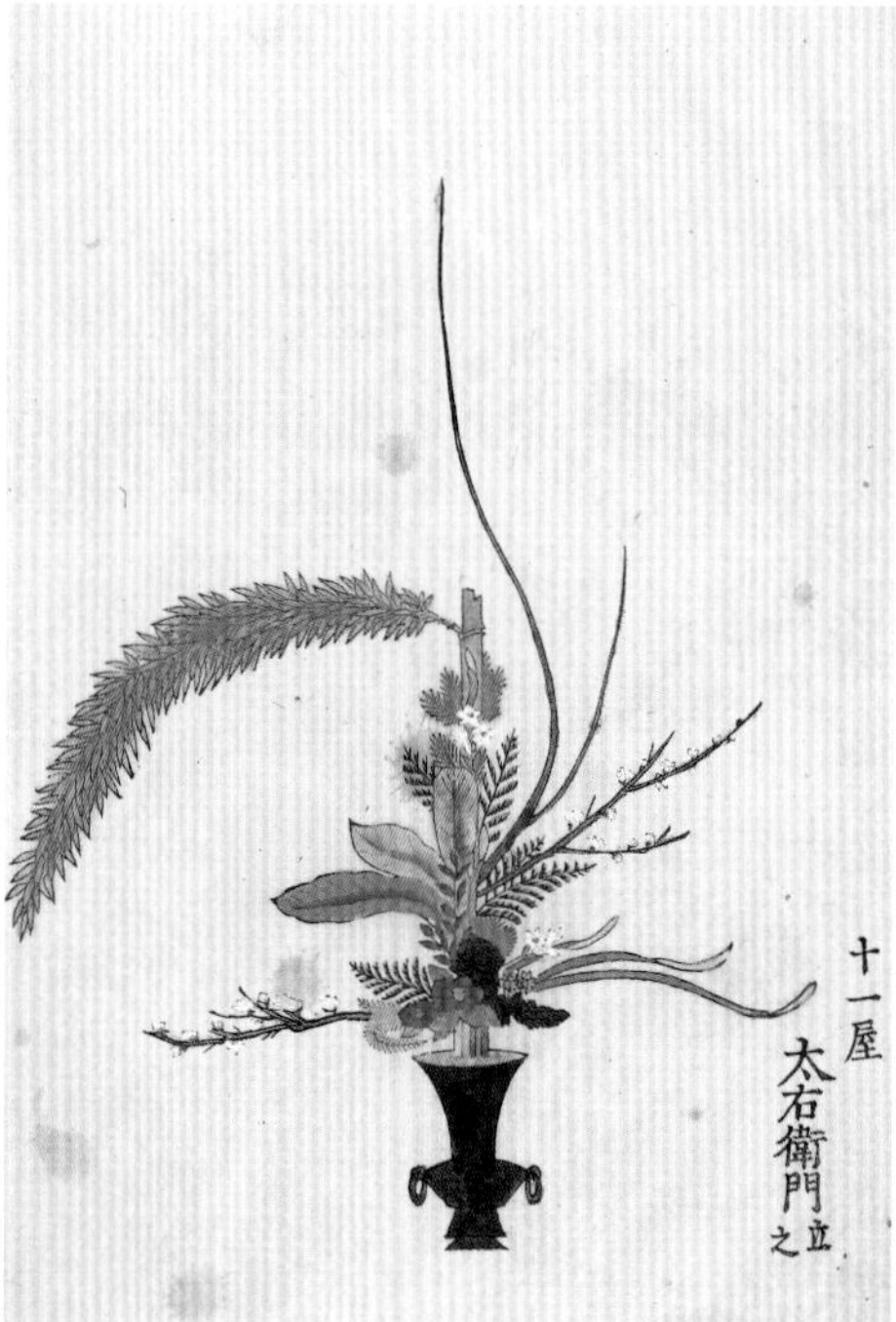

十一屋太右衛門の作品

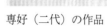

高田安立坊周玉の作品

十一屋彌兵衛の作品

高田安立坊周玉の砂之物

《参考資料》

大住院『立花砂物図』

延宝六年（一六七八）刊

大住院以信はもと池坊の高弟でしたが、池坊専好（二代）遷化後に作風や考え方の違いから独立。江戸でも活動しました。

大住院の作品　於牧野因幡守殿

大住院の作品　於阿部對馬守殿

平野猪兵衛の作品

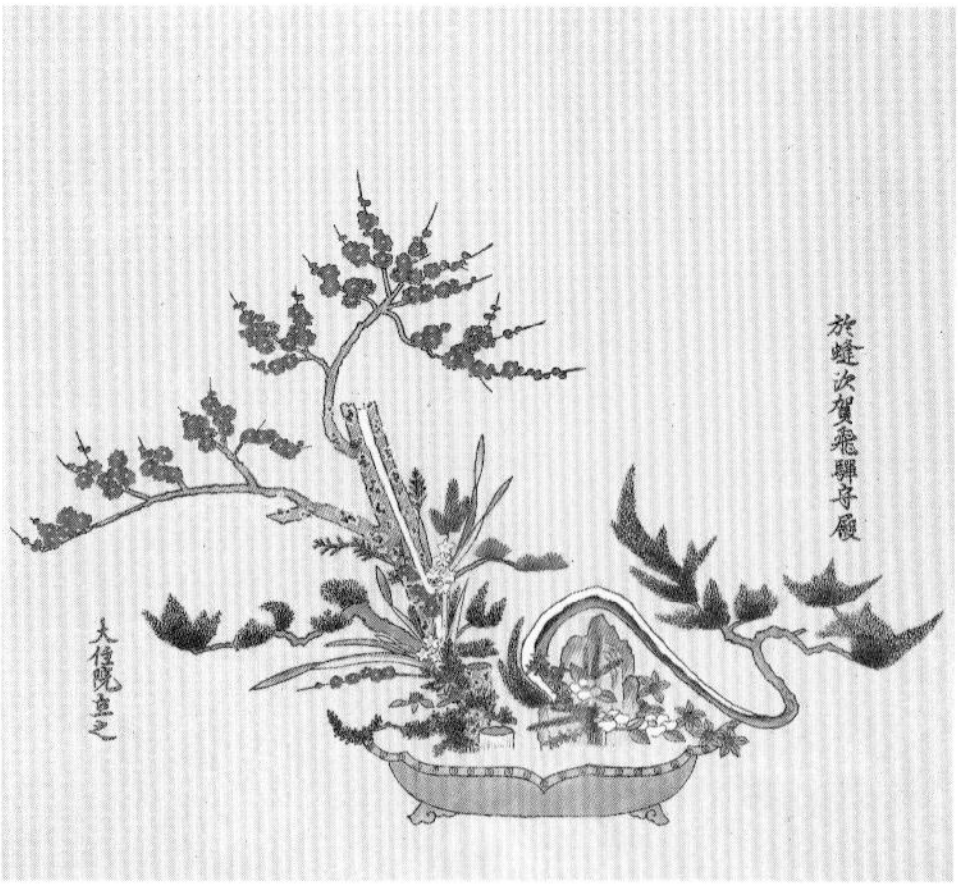

大住院の作品　於蜂須賀飛騨守殿

《参考資料》

『立華《りっか》時勢粧《いまようすがた》』貞享五年（一六八八）刊

著者の冨春軒仙渓は、専慶流、桑原専慶流の流祖で、独自の作風によって一派を形成しました。

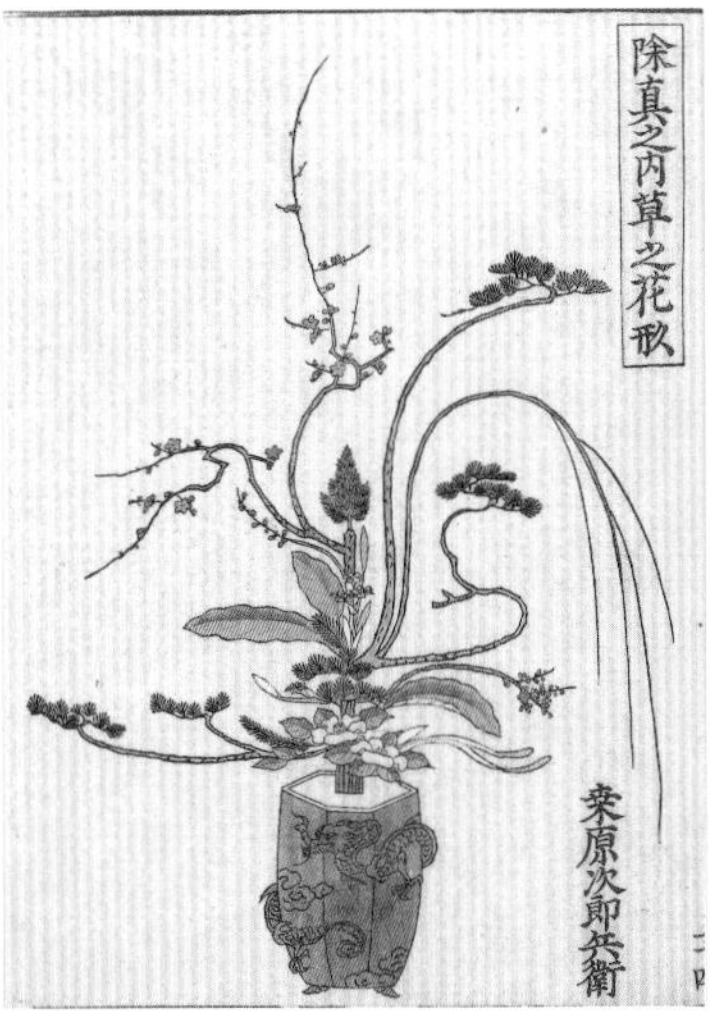

桒原次郎兵衛　除真之内草之花形

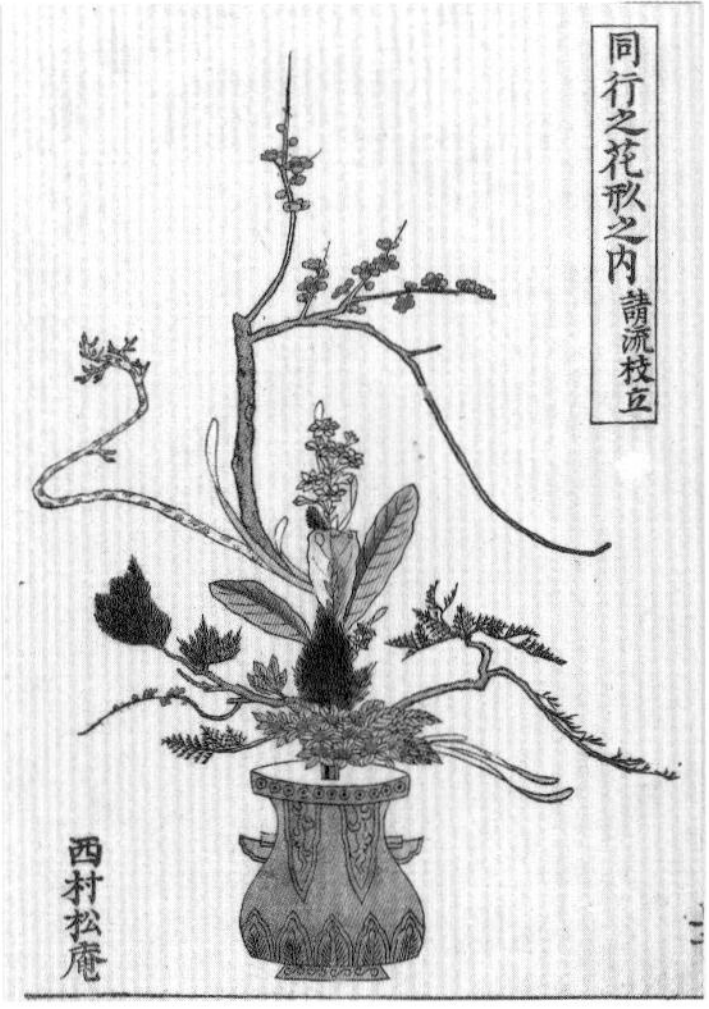

西村松庵　除真行之花形之内請流枝

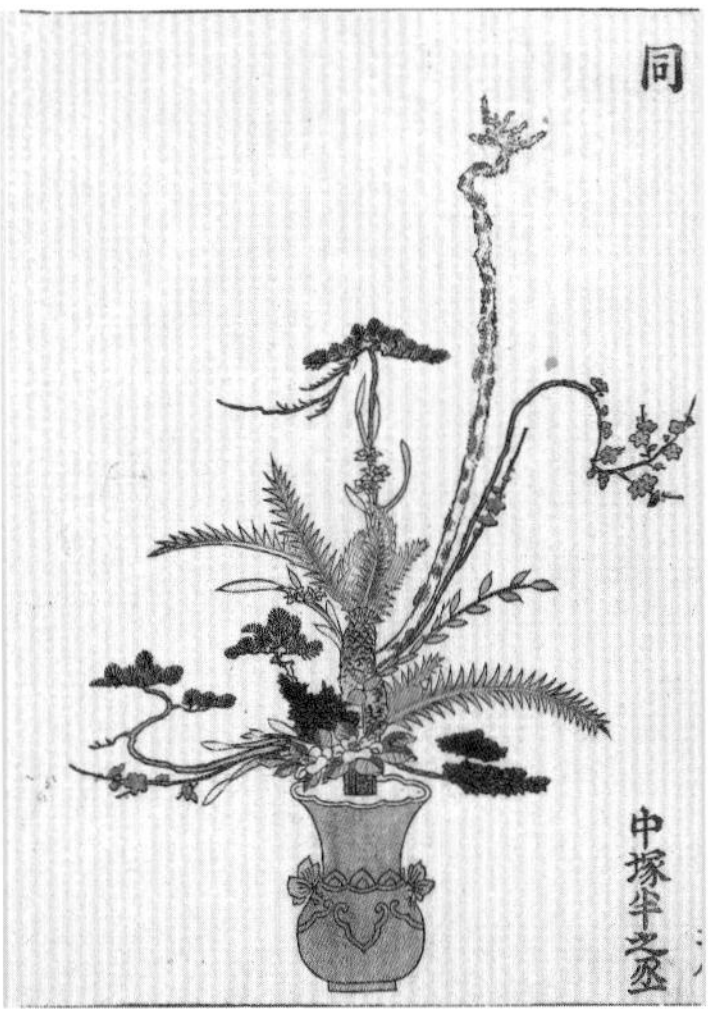

中塚半之丞　除真之内草之花形

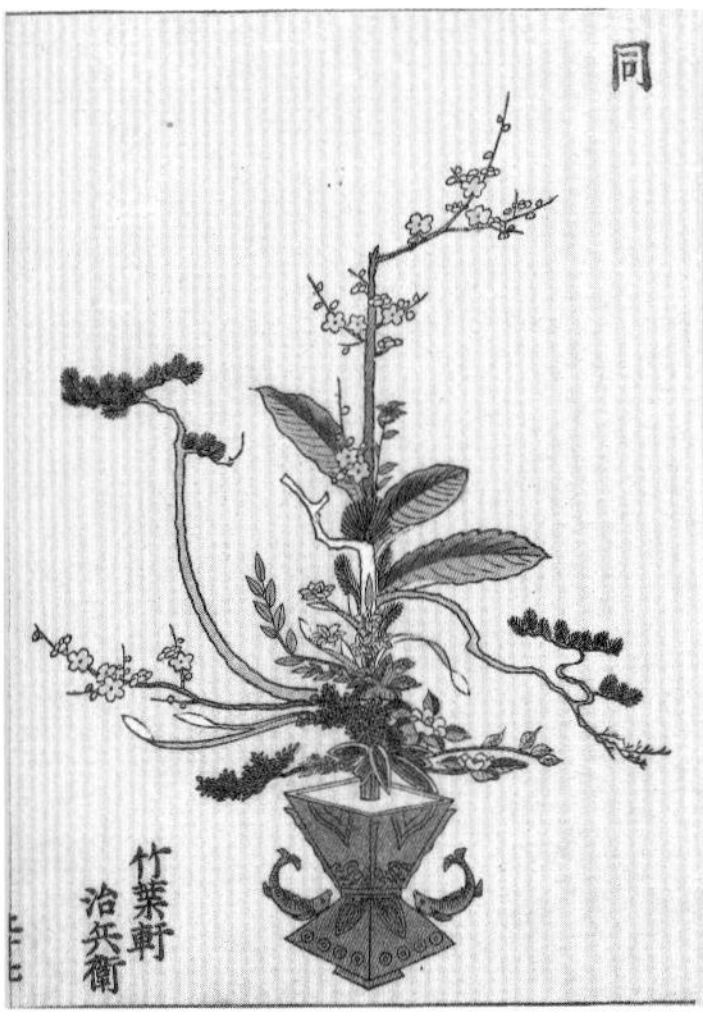

竹葉軒治兵衛 除真之内草之花形（ママ）

冨春軒　砂之物
（立華時勢粧中雑躰之図）

《参考資料》

『新撰瓶花図彙』元禄十一年（一六九八）刊

池坊門弟の山中忠左衛門が編集した書。立花のことを「瓶花」と呼び、書名に用いています。専養代の刊行。

池坊専養の作品

池坊専養の作品

高田安立坊周玉の作品

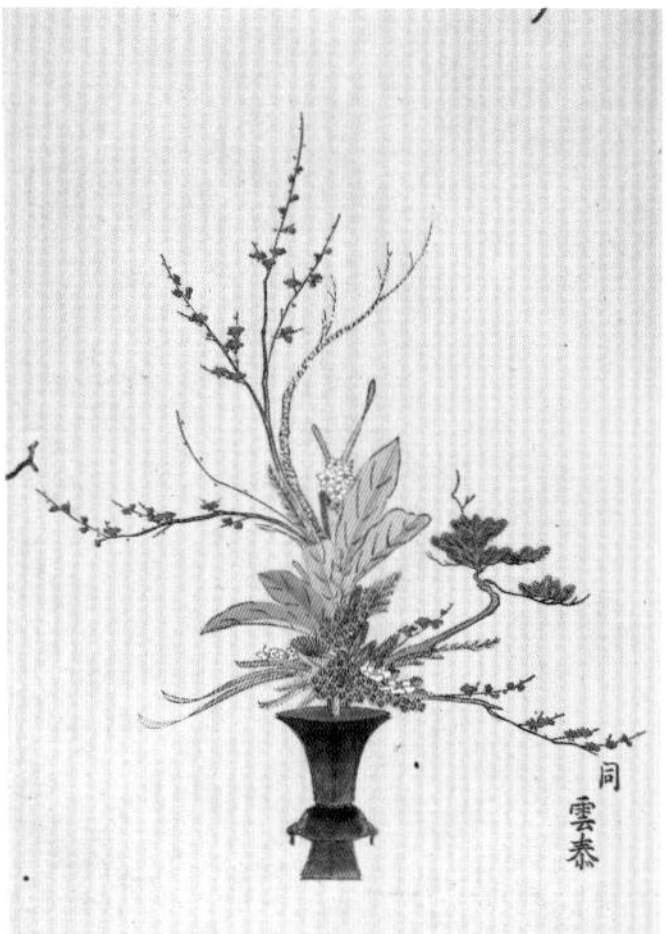

高田安立坊雲泰の作品

高田安立坊雲泰の作品

《参考資料》

『新刻瓶花容導集』寛政九年（一七九七）刊

池坊専定の作品および、四十世専定の後見人であった永田彦四郎（華亭）撰による門人の作品が収録されています。明治時代に正風体立花が制定されるまでは、手鏡として活用されました。永田彦四郎は、三十八世専純の室松寿院の甥にあたる人物で、住職のまま死去した専純、三十九世専弘の早世による家元の混乱期を裏からよく支えました。郷里は近江国長田（滋賀県近江八幡市）で、専定が継目御礼で江戸に下向した際、彦四郎は近江国武佐宿で見送りをしています。またその帰路においては、専定が永田彦四郎宅に宿泊しています。

江州　徳應寺巖坊の作品

播州龍野　代田嘉兵衛の作品

江州　川﨑五兵衛の作品

『専定瓶華図』　刊年不詳　文政三年（一八二〇）以後

池坊専定撰による立花図集。専定は文化十二年（一八一五）に隠退。文化十四年に「専定師一世納会」が行われ、同年に「立花百瓶之図」と「生花百瓶之図」を「家元四十世　専定一代集」として刊行する旨が出されました。このうち「生花百瓶之図」は『挿花百規』として出されましたが、「立花百瓶之図」については何らかの理由で百図ではなく、五十図を収めた本書『専定瓶華図』として刊行されたとみられます。専定は生花の礎を築いたほかに立花における功績も大きく、七つ道具を九つに改めることや、幹作りの技法を完成させました。『専定瓶華図』には、専定の立花の粋が描かれています。

《参考資料》

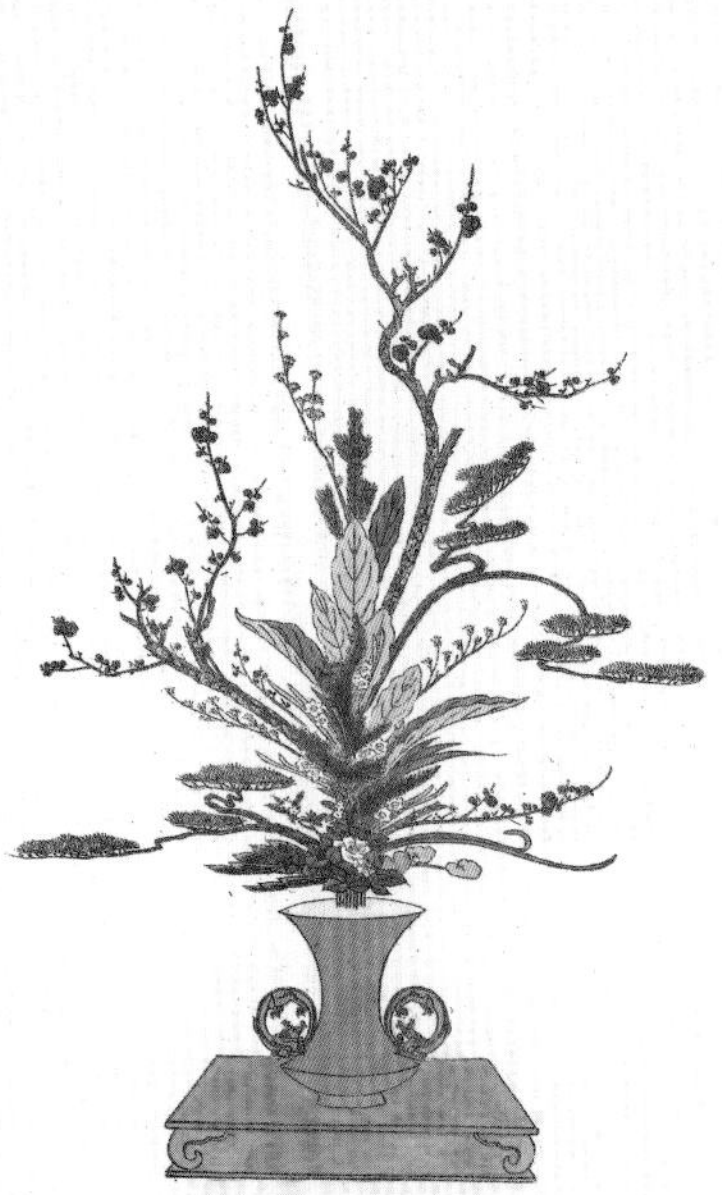

梅を真・請・控枝に用いた作品

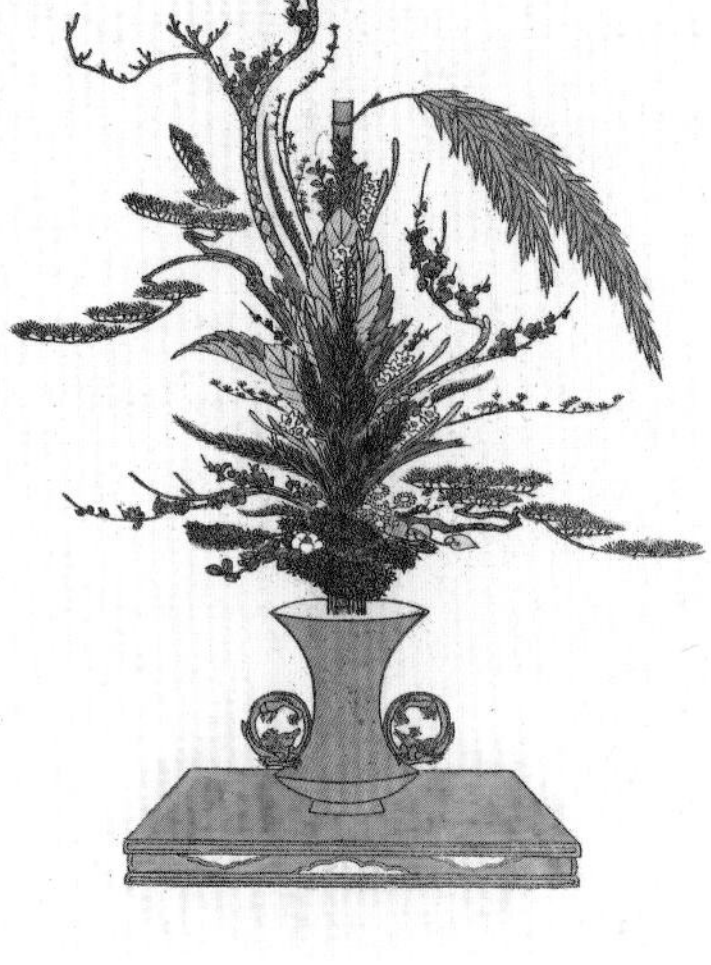

梅を真・請・控枝に用いた作品

梅を真・請内・流枝に用いた作品

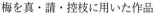

《参考資料》

『専明瓶華集』明治三十年（一八九七）刊

池坊専正により刊行された、専明の作品図集。立花五十六図を収録。

梅を真・請・控枝に用いた作品

梅を真・請に用いた作品

『専正立生華集』明治三十年（一八九七）刊

父である専明の作品集と共に出した自らの作品図集。立花三十六図、生花六十四図を収録。

慶應三丁卯年春二月六日　孝明天皇御神前御花真之三瓶対　八ヶ度調進之内　御二七日中央之御花

明治廿一年一月初会

《参考資料》

『華道家元 華かゝみ 立花栞の巻』

明治三十七年（一九〇四）刊

家元代見であった武藤松菴による立花初心者のための教本。

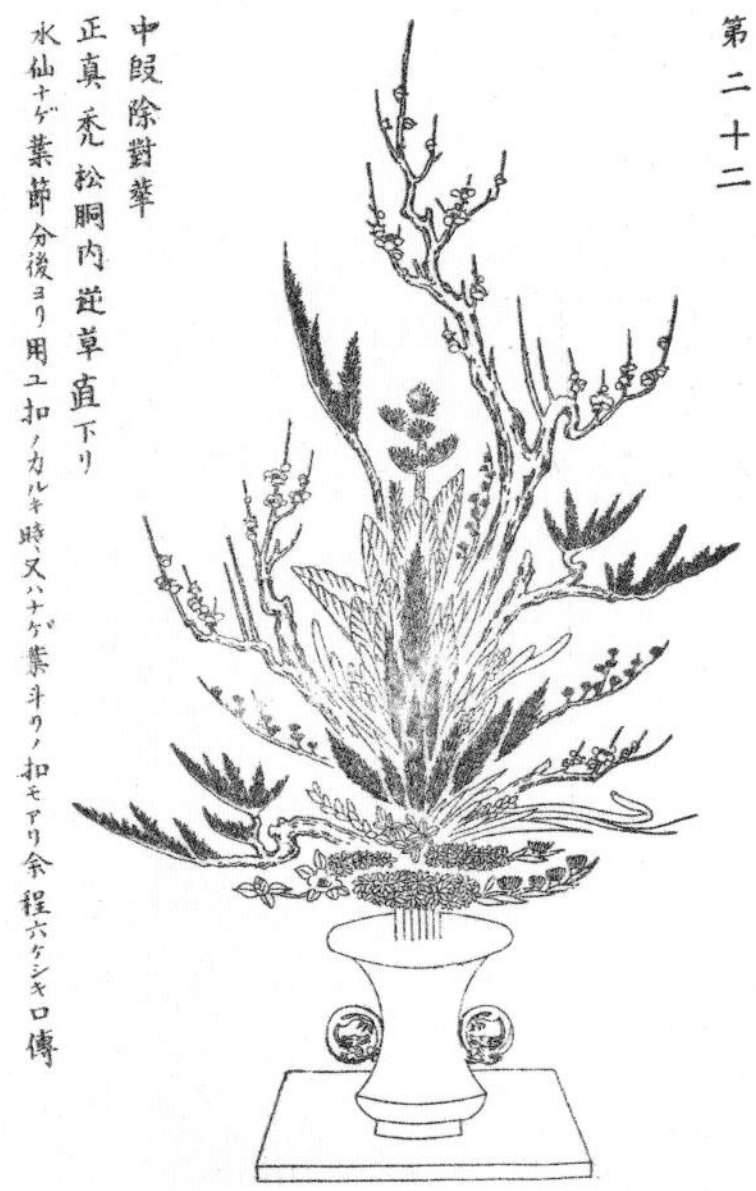

中段除對華　正真禿松胴内逆草直下リ　水仙ナゲ葉節分後ヨリ用ユ扣ノカルキ時、又ハナゲ葉斗リノ扣モアリ余程六ケシキ口傳

『華道家元 華かゝみ 花心粧の巻』

明治三十七年（一九〇四）刊

家元代見であった武藤松菴による立花・生花の作例集。

家元御代花

梅のはなし

●梅の歴史は長く、弥生時代には朝鮮半島を経て日本にもたらされていたと考えられます。

実は食用・薬用に用いられ、花もかわいらしく、香りがよいため、古くから日本人に愛されてきました。

『万葉集』において梅を詠んだ歌は萩に次いで多く、一一九首あります。ちなみに、『万葉集』に詠まれている梅は、すべて白梅と考えられているようです。

正月《むつき》立ち春の来《きた》らばかくしこそ
梅を招《を》きつつ楽しき終《を》へめ（八一五）

これは、大伴旅人の邸宅で詠まれた梅の歌三十二首の最初の歌ですが、この歌の序文に、元号「令和」の典拠となる次の一文が記されています。

初春の令月《れいげつ》にして気淑《きよ》く風和《かぜやわら》ぎ
梅は鏡前《きょうぜん》の粉《こ》を披《ひら》き蘭は珮後《はいご》の香《こう》を薫《かお》らす

このように、今用いられている元号には、梅が大きく関わっているのです。

●梅といえば、菅原道真を思い浮かべる方も多いでしょう。道真が謀略により京都から大宰府に左遷される際、屋敷内でとりわけ愛《め》でてきた梅の木に歌を詠んだところ、後に道真を追って、大宰府に飛んで行ったといいます。

梅は当初、道真の流された土地の跡に建立された榎社の境内にありましたが、太宰府天満宮が造営されるにあたって、本殿前に移植されたといわれています。この梅は今も本殿前の左近（向かって右側）にあり、その樹齢も千年を超えているとされています。

太宰府天満宮の飛梅

●国宝「紅白梅図屏風」は、尾形光琳の代表作の一つで、その画面からはみ出した梅や、二曲一双の左右隻にまたがる大胆な川の構図に見覚えのある方もいると思います。
　紅白梅を対と見なして川の両岸に配置し、片や立ち昇って先が見えない紅梅、片や上方からの下り枝の白梅を描いています。目を引くのは川の水面の文様で、渦巻く水流の筆致に卓越した技が感じられます。

　平成二十三年の調査で、水流部分には銀が残存しており、黒い部分には硫化銀が用いられていたことがわかっています。

●梅の品種の一つである南高梅《なんこううめ》は、梅干しの最高級品としてブランド化しています。中には一粒ごとに包まれ、高価な値段を付けたものもあるようです。
　南高梅は、高田貞楠《さだぐす》という人物が実の大きな梅を見つけ栽培。後に南部《みなべ》高校の教諭、竹中勝太郎が品種調査に力を注いだことから、高田の「高」＋南部高校の略称「南高」により名付けられました。

●梅は、めでたいことの象徴である松竹梅の一つとの認識がありますが、中国では文人たちが好んで「歳寒三友」として松竹梅を描いていました。その理由は、松と竹は色あせず、梅は寒中にあって花開くため、これを「清廉潔白・節操」として文人の理想を表したものと考えられたためです。
　日本には平安時代に伝わっていましたが、日本ならではの受容により、中国とは異なる感覚で捉えられるようになりました。